CHRISTINE LUGMAYR

Abenteuer Natur

55 Outdoor-Tipps für
1- bis 6-jährige Entdecker
und Entdeckerinnen

WIEN UND UMGEBUNG

wandaverlag.at

Impressum

Wir freuen uns über Rückmeldungen, Eindrücke und Hinweise an:
office@wandaverlag.at

Grafik, Illustrationen: Nina Ober
Lektorat: Mag. Hedwig Schuß
Kartografie: Msc Eva Maria Haslauer, Universität Salzburg
Druck: VVA, Österreich

ClimatePartner°
klimaneutral
Druck | ID: 53385-1303-1004

PEFC
06-39-23

ISBN: 978-3-902939-01-2
Abenteuer Natur. Wien und Umgebung. 55 Outdoor-Tipps
für 1- bis 6-jährige Entdecker und Entdeckerinnen.
Verlag: wandaverlag.at, Wanda Kampel VerlagsKG,
Römerstraße 16, A-5081 Anif bei Sbg., Auflage 2013

Umschlagfoto: Johannesbachklamm bei Würflach
Fotos: Christine Lugmayr

Danke an: Hanna, Tim und Michael fürs Mitmachen und ihre Geduld.

Vorwort

Praktisch alle Kinder lieben es, im Freien zu spielen. Doch gerade in einer Großstadt ist es nicht immer leicht, einen netten Ort für Abenteuer in der Natur zu finden. Und so landet man dann meistens doch wieder auf immer demselben Spielplatz. Es ist natürlich gut, dass es Spielplätze in der Stadt gibt. Dennoch, ein Tag im Wald ist schon für kleine Kinder um ein Vielfaches aufregender: Kein Fallschutz, keine durch Spielgeräte vorgefertigten Spielideen, dafür Unmengen an Stöcken und Blättern, umgefallene Baumstämme, Erde und nach Regen Unmengen an Gatsch.

Aber auch für uns Erwachsene kann ein Ausflug in die Natur mit Kindern zu einem großen Abenteuer werden. Ich finde es einfach wunderbar und zugleich ungeheuer erholsam, sich von der kindlichen Begeisterung für Ameisen, Schnecken, Blumen und Steine jeglicher Größe anstecken zu lassen. Voraussetzung natürlich, dass man immer ausreichend Zeit einplant. Denn es kam nicht nur einmal vor, dass wir das Vierfache der auf den Wegweisern angegebenen Zeit benötigten.

In diesem Buch sind unterschiedlichste Outdoor-Aktivitäten beschrieben. Je nach Lust und Laune, Zeit und Wetter kann man zwischen Wandertouren, Fahrradausflügen, Naturbadeplätzen, Rodelhügel oder einem Ausflug in einen naturnahen Raum innerhalb der Stadtgrenze wählen.

Auf alle Fälle wünsche ich euch gemeinsam mit euren Kindern eine erlebnisreiche Zeit in der Natur, Christine Lugmayr

Allgemeines

ALLGEMEINES

Für eine entspannte Wanderung oder einen reibungslosen Ausflug ist eine gute Vorbereitung notwendig.
Ausrüstung

- Ausreichend Proviant und genügend Flüssigkeit für alle einpacken. Dabei bedenken, dass Hunger und Durst bei Aktivitäten im Freien meist größer sind als zu Hause.
- Bei den Wanderungen für jüngere Kinder sicherheitshalber eine Trage mitnehmen, um lange Diskussionen bei Motivationseinbrüchen zu verhindern und die Freude am Wandern zu erhalten.
- Gute Schuhe mit rutschfester Sohle und bequemes Gewand, das auch dreckig werden darf, sind Voraussetzung für einen Ausflug in die Natur. Zusätzlich ausreichend Reservegewand mitnehmen.
- Je nach Wetter: Sonnenschutz, Kopfbedeckung beziehungsweise Wind-und-Wetter-Creme.
- Notfall-Verbandszeug mit Pflastern, Verband, Desinfektionsmittel und einer Salbe, die Juckreiz nach Insektenstichen hemmt.
- Bei Radausflügen auf einen passenden Radhelm achten.

INTERNETADRESSEN

Generell ist es immer ratsam, sich vor einer Tour auch die angegebenen Internetseiten anzuschauen. So kann man sich versichern, dass z.B. das zur Einkehr ausgesuchte Gasthaus tatsächlich offen hat. Alle Internetadressen und Wege sind sorgfältig recherchiert und bei Drucklegung am aktuellen Stand. Allerdings können diese sich ändern, Gaststätten schließen, Wege werden verlegt oder gesperrt. Deshalb wird sowohl für den Inhalt als auch für die Richtigkeit weder von der Autorin noch vom Verlag die Haftung übernommen.
Notrufnummern.
Die Nummer des alpinen Notrufs, 140, sowie des allgemeinen Euro-Notrufs, 112, sollte man vor Outdoor-Aktivitäten auf alle Fälle ins Handy einspeichern.
Wanderkarten
Die in diesem Buch angegebenen Karten sind Übersichtskarten. Wer eine detailliertere Karte mitnehmen will, besorgt sich daher am besten zusätzlich eine Wanderkarte. Empfehlenswert sind z.B. die Wanderkarten von freytag & berndt.

WETTERBERICHT

Im Vorfeld unbedingt den Wetterbericht verfolgen, um nicht von einem Gewitter oder Kälteeinbruch überrascht zu werden.

CAMPING

Ein Zelt-Wochenende muss im Vorfeld gründlich geplant werden. So ist es wichtig, den Wetterbericht im Vorfeld genau zu verfolgen, um böse Überraschungen, wie Dauerregen oder extreme Hitze, zu vermeiden. Auch müssen unbedingt genügend warmes Gewand für die

Nacht, ein hochwertiges Zelt, das nicht beim ersten Sturm zusammenfällt, gute Isomatten und Schlafsäcke, Taschenlampen und ausreichend Proviant eingepackt werden. Sollte eine Nacht dann einmal kälter werden als angenommen und der Nachwuchs frieren, besteht die Möglichkeit, dass je ein Erwachsener und ein Kind ihre Schlafsäcke über die Reißverschlüsse zu einem großen Schlafsack verbinden. Die Körperwärme wärmt dann noch zusätzlich.

Tipps für unterwegs

Um den Ausflug in die Natur zu einem besonderen Erlebnis werden zu lassen, hier ein paar Tipps aus der Wandertrickkiste:

- Die Aktivität im Vorfeld gemeinsam auf einer Karte anschauen und besprechen, was zu sehen sein wird, um die Vorfreude auf die Wanderung/Radtour zu wecken.
- Genügend Pausen einplanen!
- Ein kleines Büchlein anlegen und darin Hüttenstempel sammeln.
- Einen (Kinder-)Kompass besorgen und die Kinder damit den Weg „finden" lassen.
- Sich mit Kindern den Leitsatz „der Weg ist das Ziel" einprägen und sich von der Begeisterung der Kinder für entdeckte Ameisen, Schnecken und Blumen anstecken lassen. So wird man deutlich gelassener und drängt nicht dauernd, doch endlich weiter zu gehen/fahren.
- Nicht ärgerlich oder enttäuscht sein, wenn einmal eine Tour vorzeitig beendet wird, da das Kind einfach nicht mehr weiter will. Lieber einmal früher umkehren und die Freude am Wandern erhalten, als mit aller Gewalt das Ziel erreichen und damit einen Wanderstreik auszulösen. Für kleinere Kinder eine Trage mitnehmen.
- Pflanzen- und Tierbestimmungsbuch einpacken, um gemeinsam Tiere und Blumen entlang des Weges bestimmen zu können.
- Für Ausflüge in den Wald ist eine (Kinder-)Lupe ein tolles Instrument, um Insekten und Pflanzen noch genauer betrachten und bestaunen zu können.
- Erinnerungen (Steine, Zapfen, Kastanien,....) sammeln und eine „Schatzkiste" dafür anlegen oder zu Hause daraus etwas basteln.

Zum Gebrauch des Outdoor-Führers

› Anforderung

Hier werden Wegbeschaffenheit und Steigung beschrieben. Zur Wegbeschaffenheit ist anzumerken, dass diese von vielen Faktoren abhängt. So kann ein leichter Weg nach starkem Regen sehr rutschig und damit auch schwieriger werden. Die Wege sind in der Regel technisch sehr einfach, damit sie bereits von kleinen Kindern gefahrlos begangen werden können.

› Dauer

Bei den Touren sind sowohl Länge als auch Höhenmeter angegeben. Die Zeitangabe bei den Wanderungen sind nur grobe Richtwerte, da die Geschwindigkeit sehr stark vom Alter und der Kondition der Kinder abhängt. Hinzu kommt, dass man je nach Alter des Kindes genügend Pausen einplanen soll (zirka genauso viel wie für den Weg selbst eingerechnet wird). RW steht für Rundweg, mit „hin und retour" sind Touren gemeint, bei denen Hin- und Rückweg ident sind.

› Anfahrt

Es wurde versucht, möglichst viele Ziele zu finden, die öffentlich erreichbar sind. Allerdings ist das nicht immer einfach, da gerade am Land laufend Bahn- und Busverbindungen wegen mangelnder Auslastung eingestellt werden.

› Eignung für Kleinkinder

Hier wird die Machbarkeit der Touren mit 1-3-Jährigen beschrieben beziehungsweise werden Alternativen oder Abkürzungen angegeben.

ATTRAKTIONEN FÜR KINDER:

Hier sind die Highlights für die Kinder zusammengefasst.

INFOS:

Allgemeine Infos zum Ort und zur Umgebung.

WEGBESCHREIBUNG:

Wegbeschreibung von Wanderungen.

DIE SKIZZEN

Die Karten bei den Wanderungen sollen der Orientierung dienen und sind keine millimetergetreue Abbildung der Realität. Die wichtigsten Punkte und Attraktionen sind eingezeichnet. Die rote Linie stellt den beschriebenen Weg dar.

Legenden

ZU DEN EINZELNEN TOUREN

Wegstrecke in Kilometern	2 km
Durchschnittliche Wegzeit	1 h
mit Kinderwagen befahrbar	
mit Kinderfahrrad befahrbar	
Eintritt	€
öffentlich erreichbar	

ZU DEN WEGSKIZZEN

Badeplatz		Kirche / Materl	✝
Haltestelle	H	Markante Punkte	★
Gasthof / Restaurant		Rastplatz	
Spielplatz		Hauptwanderweg	
Bahnhof		Wege	
Parkplatz	P	Straßen	
Häuser	■		

Inhalt

Wanderungen

Fahrradtouren

Naturbadeplätze

Inhalt

Winterziele – Rodeln, Eislaufen

Natur-Spielräume innerhalb Wiens

2-Tages-Unternehmungen

Ausflugsziele

Wanderungen

Bereits kleine Kinder wandern gerne. Vorausgesetzt der Weg ist vom Schwierigkeitsgrad passend und bietet genügend Anreize. Daher sind in diesem Kapitel spannende Wanderungen zusammen gestellt, die zum Beispiel über Stege oder zu einer Ruine führen. Fast immer liegt ein Spielplatz, oft eine Hütte und manchmal sogar ein Bach, der sich zum Spielen eignet, am Weg.

Wichtig ist es, für jede Wanderung viel Zeit einzuplanen. So können öfters Pausen eingelegt und Käfer, Ameisen und Blumen ganz stressfrei ausgiebig bestaunt werden. Die Zeitangaben bei den Wanderungen sind daher nur Richtwerte und können je nach Tempo, Alter und Ausdauer des Kindes variieren.

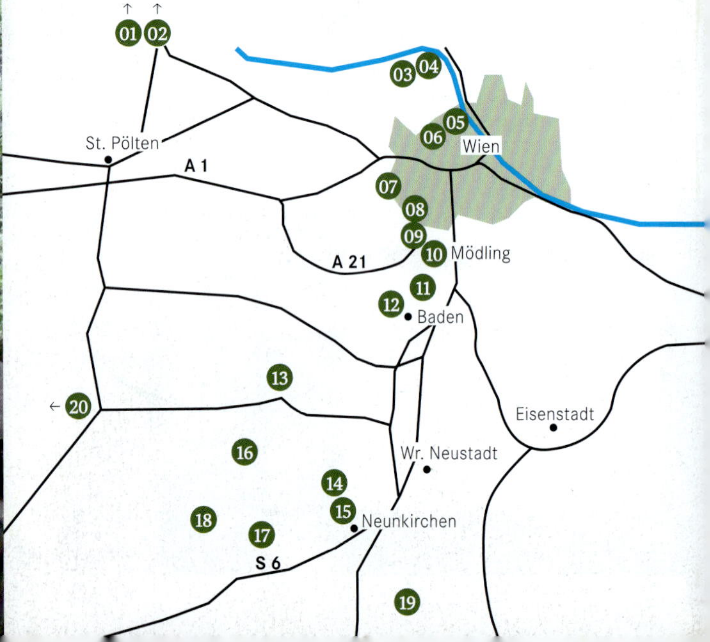

Wanderungen

01 Millas Zauberweg in **Albrechtsberg**

2,7 km
1 h

Der liebevoll gestaltete Zauberweg in Albrechtsberg führt zunächst durch dichten Wald, später über Wiesen. Auf dem rund 2,5 km langen Rundweg laden zehn Stationen zum Entdecken und Miträtseln ein. Ziel ist es, den Zauberstein, den Milla, die kleine, gute Hexe im Zauberwald verloren hat, wieder zu finden. Und wer das Rätsel bei den einzelnen Stationen richtig löst, bekommt am Ende selbst einen Zauberstein (siehe Infos).
Sogar an Wochenenden ist hier recht wenig los, sodass man unterwegs durchaus Schlangen und Frösche beobachten kann.
Einziger Minuspunkt ist der doch relativ weite Anfahrtsweg aus Wien. Daher bietet es sich an, diese Wanderung mit einer Besichtigung im Waldviertel oder der Wachau zu kombinieren.

- **Anforderung:** Einfache Wanderung, die zuerst ein kurzes Stück auf einer Straße, danach bergab durch dichten Wald und schließlich auf einem Wiesenweg zurück in den Ort führt.
- **Dauer:** RW: ca. 2,7 km, 50 Höhenmeter, 1 Std.
- **Bestes Wetter:** Trockenes Wanderwetter. Der erste Teil führt durch Wald, der Wiesenweg liegt allerdings in der Sonne.
- **Anfahrt PKW:** A22 bis zum Knoten Stockerau. Dann weiter auf der Schnellstraße nach Krems. Bei Krems Nord Richtung Zwettl/Gföhl. Ein paar Minuten nach Gföhl Richtung Lichtenau abbiegen und ab Lichtenau den Schildern bis Albrechtsberg folgen. Hier die Hauptstraße durch den Ort bis zum Hauptplatz entlang fahren. (Navi: 3613 Albrechtsberg an der Großen Krems)
- **Parkplatz:** Parkplätze direkt am Hauptplatz.
- **Anfahrt öffentlich:** Öffentlich ist diese Wanderung in einer vernünftigen Zeit nicht erreichbar.
- **Eignung für Kleinkinder:** Aufgrund der geringen Gesamtlänge und der vielen Stationen auch für Kleinkinder empfehlenswert.
- **Kinderwagen:** Nein.
- **Kinderfahrrad:** Nein.

☺ ATTRAKTIONEN FÜR KINDER:

• Zehn nett gestaltete Stationen zu Themen wie Tierstimmen oder Bäume erraten. • Rätselblatt, das mit der richtigen Lösung gegen einen Zauberstein eingetauscht werden kann.

INFOS:

• Allgemeine Infos zum Zauberweg unter *www.cusoon.at/millas-zauberweg.* • Zu dieser Wanderung gibt es ein Rätselblatt, sowie eine Geschichte, die sich hervorragend zum Vorlesen auf der Hinfahrt eignet. Alles kann im Internet unter *millas-zauberweg.jimdo.com/zauberhafte-neuigkeiten/* heruntergeladen werden. • Das Rätselblatt kann im Gasthaus Fischer für einen Zauberstein eingelöst werden: Mi-So ab 9 Uhr geöffnet, Tel. 02816/284 bzw. im Café Schäfer, gute Mehlspeisen, täglich geöffnet, Sa und Mo nur vormittags, sonst ganztägig, Tel. 02876/291.

WEGBESCHREIBUNG:

Gleich am Hauptplatz ist bereits Station 1 des Zauberweges. Von hier aus die Hauptstraße überqueren und diese links von den Häusern (also nicht zum Schloss hinauf) hineingehen (Wegweiser: Kremstalweg). Nun ein Stück auf der kaum befahrenen Straße durch die Ortschaft.

Dann links über ein kurzes Wiesenstück in den Wald abbiegen. Insgesamt werden noch neun weitere Stationen erreicht: Bäume erkennen (2), Wortwürfel (3), Augenbründl mit Geruchsstation (4), Tierfährten (5), Tierstimmen (6), Ruhestation (7), Heilkräuter (8), Märchenhexen und Weitsprung (9), Schloss und Kirche (10). Der Weg ist sehr gut beschildert. Einzig nach Station neun wird der Weg kurz verwirrend: Hier nicht auf der Asphaltstraße, über die man gekommen ist, weiter gehen, sondern durch das Holztor den breiten Weg bergauf zum Schloss nehmen.

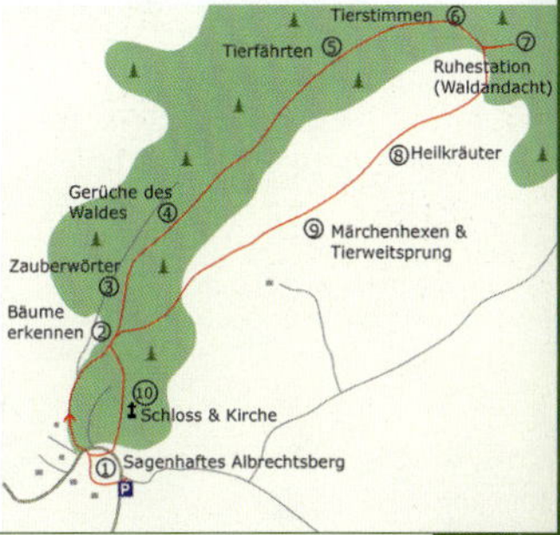

02 Steinzeitliche Spurensuche in der **Gudenushöhle**

2,5 km
1 h

Die Gudenushöhle am Fuße der Burg Hartenstein wurde bereits von den Neandertalern bewohnt und ist damit eine der ältesten Siedlungsstätten Mitteleuropas. Der Weg zu dieser rund 30 Meter langen Durchgangshöhle ist bis auf die letzten Meter leicht und auch für kleinere Kinder ohne Probleme bewältigbar. Da die Wanderung aber eher kurz ist, kombiniert man sie am besten mit Millas Zauberweg, der nur wenige Kilometer weiter in Albrechtsberg startet.

- **Anforderung:** Leichte Wanderung auf einer fast ebenen Forststraße. Die letzten drei Meter zur Höhle sind allerdings schwer, da steil bergauf über Wurzeln geklettert werden muss.
- **Dauer:** Hin und retour: 2,5 km, praktisch kein Höhenunterschied, 1 Std.
- **Bestes Wetter:** Jedes Wanderwetter.
- **Anfahrt PKW:** A22 bis zum Knoten Stockerau. Dann weiter auf der Schnellstraße nach Krems. Durch Krems durch und entlang der Donau bis Weißenkirchen in der Wachau. Hier rechts abbiegen Richtung Weinzierl am Walde. Durch Weinzierl durch weiter nach Maigen. Nach dem Ort taucht plötzlich auf der linken Seite die Maigen-Mühle auf. Vor der Mühle links geht eine Forststraße hinein, wo auch ein Parkplatz ist. Um zum Ausgangspunkt der Wanderung zu gelangen, die Bundesstraße überqueren. (Navi: 3613 Albrechtsberg, Maigen-Mühle)
- **Parkplatz:** Es gibt einen Parkplatz gleich auf der linken Forststraße.
- **Anfahrt öffentlich:** Leider nicht möglich.
- **Eignung für Kleinkinder:** Sehr gut geeignet, da die Strecke sehr kurz ist.
- **Kinderwagen:** Ja. Nur das letzte Stück zur Höhle ist mit dem Kinderwagen nicht befahrbar.
- **Kinderfahrrad:** Ja, für geübte Fahrerinnen, die auch auf Schotterwegen fahren können.

ATTRAKTIONEN FÜR KINDER:

- Höhle (Taschenlampe mitnehmen!)
- Spielen und Plantschen an der Kleinen Krems

INFOS:

- Verpflegung mitnehmen, da es unterwegs keine Einkehrmöglichkeit gibt
- Allgemeine Infos zur Höhle und zur Umgebung: *www.albrechtsberg.at*.

WEGBESCHREIBUNG:

Wegbeschreibung: Vom Parkplatz aus die Bundesstraße überqueren. Hier beginnt gleich die Forststraße (Wegweiser: Gudenushöhle, Zwickl). Nun immer die Forststraße entlang. Bei der ersten Abzweigung rechts halten, oberhalb des Hauses vorbei und dann links bergab dem Wegweiser „Zu den Höhlen" folgen. Kurz darauf erreicht man die Kleine Krems. Über die Brücke und danach den Forstweg nach rechts entlang gehen. Bald kommt eine zweite Brücke. Diese führt zur Gudenushöhle. Am gleichen Weg zurück zum Ausgangspunkt.

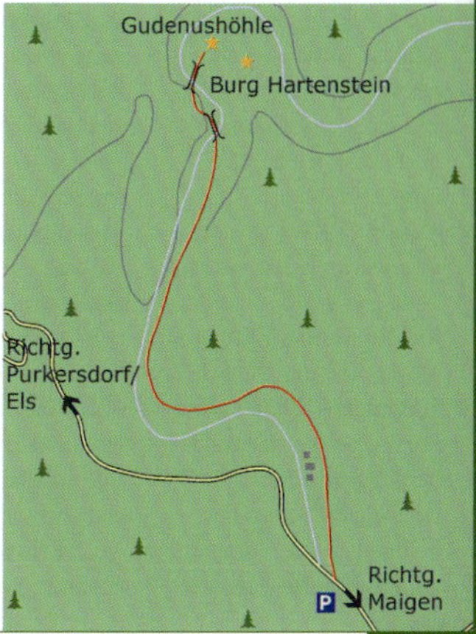

03 Durch die **Hagenbachklamm** zur Greifvogelstation

4,8 km
1,5 h

Die äußerst romantische Hagenbachklamm liegt im Naturpark Eichenhain in der Nähe von St. Andrä-Wördern. Die Klamm selbst ist 1,3 km lang. Der Weg ist für Vorschulkinder ein abwechslungsreiches Abenteuer: Brücken müssen überquert werden und manche Stellen eignen sich hervorragend, um im Bach zu spielen. Am Ende der Klamm befindet sich eine Greifvogelzuchtstation mit mehr als 300 Greifvögeln.

› **Anforderung:** Schöne Wanderwege und nur moderate Steigungen.
› **Dauer:** Hin und retour: ca. 4,8 km, 100 Höhenmeter, 1,5 Std.
› **Bestes Wetter:** Trockenes Wanderwetter. Der Weg durch die Klamm liegt praktisch durchgehend im Schatten.
› **Anfahrt PKW:** Auf der Bundesstraße nach Klosterneuburg und dann weiter Richtung Tulln (B14). Durch Maria Gugging. Danach kommt eine scharfe Linkskurve, in der es zusätzlich bergab geht, und schließlich eine Rechtskurve. Hier befindet sich der Eingang zur Klamm. Die Parkplätze sind links und rechts am Straßenrand. (Navi: 3423 St. Andrä-Wördern, Wiener Straße, Hagenbachklamm)
› **Parkplatz:** Parkplätze sind in der Kurve vorhanden. Von dort einfach zum Eingang der Klamm gehen.
› **Anfahrt öffentlich:** Zug bzw. S-Bahn nach St. Andrä-Wördern nehmen. Vom Bahnhof sind es allerdings gut 2,5 Kilometer auf der Straße bis zum Klamm-Eingang. Dazu aus dem Bahnhof kommend nach rechts zur Hauptstraße. Hier dann nicht die Gleise überqueren, sondern die Hauptstraße in die andere Richtung entlang wandern. Die Hauptstraße geht schließlich in die Lehnergasse über. Bis zur Tullner Straße und diese ortsauswärts bis zum Klammeingang.
› **Eignung für Kleinkinder:** Gut geeignet. Im ersten Teil ist allerdings Vorsicht geboten, da es direkt neben dem Weg zum Bach hin steil abfällt. Immer wieder erreicht man schöne Plätze, die sich hervorragend zum Spielen im Wasser eignen (Ersatzgewand mitnehmen!). Ein Stück nach der Greifvogelstation befindet sich ein Spielplatz. Option für noch nicht so gehfreudige Kinder: Wenn man zu zweit ist, geht eine Begleitperson von der Greifvogelstation aus wieder zurück zum Auto und fährt nach Unterkirchbach, wo es auch einen Naturpark-Parkplatz gibt. Von der Zuchtstation sind es dann nur einige Minuten zu Fuß auf der Asphaltstraße bis zu diesem Parkplatz. Dazu einfach an der Zuchtstation vorbei gehen und immer der Asphaltstraße entlang, bis man auf die Hauptstraße trifft, wo gleich der Parkplatz ist (ca. 700 Meter).
› **Kinderwagen:** Nein.
› **Kinderfahrrad:** Nein.

☺ ATTRAKTIONEN FÜR KINDER:

• Bach zum Spielen • Greifvogelstation (Eintritt) • Spielplatz nach der Greifvogelstation

i INFOS:

• Greifvogelzuchtstation Hagenbachklamm: Es befinden sich rund 300 Greifvögel auf der Station. Weiters wird Ponyreiten angeboten. Die Zuchtstation ist meist von April bis November an den Wochenenden geöffnet, genaue Infos und Öffnungszeiten: *www.greifvogelzuchtstation.at*.

• Es gibt unterwegs keine Möglichkeit zum Einkehren, aber schöne Picknickplätze, daher ausreichend Jause mitnehmen.

• Wer dennoch Lust auf ein Gasthaus hat: In Unterkirchbach gibt es mehrere. Einfach den Asphaltweg nach der Greifvogelstation weiter gehen und den Hinweisschildern der Gasthöfe folgen.

WEGBESCHREIBUNG:

Wegbeschreibung: Vom Klammeingang immer dem Weg folgen und über Brücken und Stege durch die Klamm. Schließlich weiter entlang des Hagenbaches. Hier finden sich immer wieder schöne Plätze, die zum Spielen im Wasser einladen. Nach einem Rastplatz dem Wegweiser Richtung Unterkirchbach folgen. Auch bei der nächsten Weggabelung den Weg nach Kirchbach zur Greifvogelstation nehmen. Kurz vor der Station gelangt man auf eine Forststraße, die dann direkt zur Greifvogelstation führt. Am gleichen Weg wieder zurück zum Ausgangspunkt.

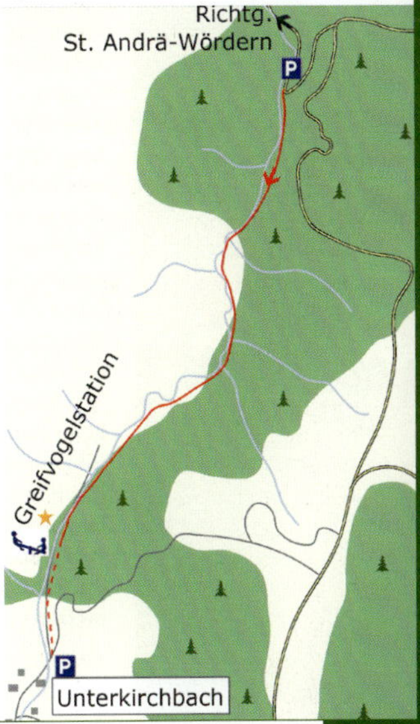

04 Entspannen auf der **Redlinger Hütte**

1,8 km
45 min

Zuerst ein gemütlicher Spaziergang, anschließend Einkehren in einer netten Hütte: Die Redlinger Hütte bei Maria Gugging ist das optimale Ausflugsziel, um einen erholsamen Nachmittag zu verbringen. Der Weg ist bereits für kleine Kinder gut bewältigbar. Bei der Hütte angekommen, laden dann der Gastgarten und der kleine Spielplatz zum Verweilen ein.

› **Anforderung:** Leichter Spaziergang auf einer breiten Forststraße. Den Großteil des Weges zur Hütte geht es allerdings bergauf.

› **Dauer:** Hin und retour: 1,8 km, 50 Höhenmeter, 45 Minuten.

› **Bestes Wetter:** Schönes Ausflugswetter. Auch im Sommer ein nettes Ziel, da der Weg zur Hütte größtenteils im Schatten liegt.

› **Anfahrt PKW:** Durch Klosterneuburg und immer auf der Hauptstraße Richtung Tulln weiter bis Maria Gugging (Wegweisern zum Museum Gugging bzw. zum IST Austria folgen). In Maria Gugging beim Kreisverkehr die 1. Straße nach rechts nehmen (Wegweiser Redlingerhütte) und der Straße in den Wald hinein folgen. Die Asphalt- geht in eine Schotterstraße über. Und schließlich wird eine Brücke überquert, bevor man zu einem Fahrverbotsschild kommt. (Navi: 3400 Klosterneuburg, Maria Gugging)

› **Parkplatz:** Vor dem Fahrverbotsschild gibt es einen Parkplatz.

› **Anfahrt öffentlich:** Von Heiligenstadt den Regionalbus nach Maria Gugging nehmen und bis zur Haltestelle IST Austria fahren. Beim Kreisverkehr die 1. Straße rechts abbiegen und durch das IST-Gelände durch immer der Straße folgen. Die Straße führt dann in den Wald und wird zur Forststraße. Diese bis zum Parkplatz entlang gehen und anschließend laut Wegbeschreibung (siehe weiter unten) zur Hütte. Der Weg verlängert sich dadurch pro Strecke um rund 900 Meter.

› **Eignung für Kleinkinder:** Der relativ kurze Weg zur Hütte ist bereits für Kleinkinder problemlos bewältigbar.

› **Kinderwagen:** Ja, der Weg zur Hütte ist kinderwagentauglich (für Geübte mit geländegängigem Kinderwagen).

› **Kinderfahrrad:** Nein.

☺ ATTRAKTIONEN FÜR KINDER:

• kleiner Spielplatz (mit leider sehr veralteten Geräten, die hoffentlich bald erneuert werden)

INFOS:

• Die Hütte ist ganzjährig geöffnet. Mehr Infos unter: *www.redlingerhuette.at*. In der Nähe ist das Museum Maria Gugging: *www.gugging.org*.

WEGBESCHREIBUNG:

Wegbeschreibung: Vom Fahrverbotsschild aus die breite Forststraße bergauf. Immer dieser Straße bis zur Redlinger Hütte folgen. Am gleichen Weg retour. Achtung: auf der Forststraße fahren ab und zu Autos.

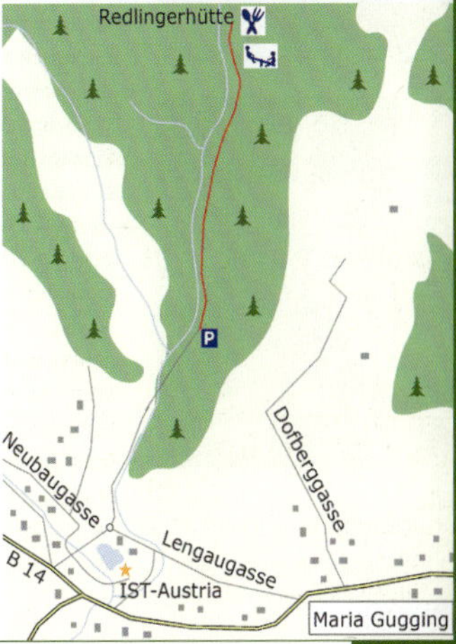

05 Vom **Leopolds-** zum **Kahlenberg**

2 km
1 h

Die Wanderung vom Leopoldsberg (425 m) zum Kahlenberg (484 m) ist eine optimale Einsteigertour, die bereits von sehr jungen Kindern bewältigt werden kann. Die Wege sind einfach, bei der Hälfte der Strecke liegt eine große Wiese und eine Hütte zum Rasten und bei Konditions- oder Motivationseinbrüchen lässt sich die Wanderung problemlos verkürzen, indem man einfach schon bei der Elisabethwiese in den Autobus einsteigt. Ein Plus für die erwachsenen Wanderer: Sowohl Anfangs- als auch Endpunkt bieten eine herrliche Aussicht über Wien.

› **Anforderung:** Kurze Wanderung auf Asphalt- und Waldwegen. Von der Elisabethwiese auf den Kahlenberg geht es bergauf.

› **Dauer:** vom Leopoldsberg zum Kahlenberg (einfache Strecke): rund 2 km, 60 Höhenmeter, 1 Std.

› **Bestes Wetter:** Jedes Wanderwetter.

› **Anfahrt PKW:** Ausgangs- und Endpunkt sind nicht ident, daher ist es einfacher, öffentlich anzureisen. Wer dennoch nicht aufs Auto verzichten will, fährt die Höhenstraße entlang bis zum Kahlenberg. Von dort weiter Richtung Leopoldsberg. Den Parkplatz am Leopoldsberg nehmen. Nach der Wanderung geht man den gleichen Weg wieder zurück oder nimmt den 38A vom Kahlenberg, um wieder zum Parkplatz am Leopoldsberg zu gelangen. (Navi: 1190 Wien, Leopoldsberg)

› **Parkplatz:** Es gibt einen Parkplatz direkt am Leopoldsberg.

› **Anfahrt öffentlich:** Mit dem 38A von Heiligenstadt bis zum Leopoldsberg. Zurück mit dem 38A vom Kahlenberg nach Heiligenstadt.

› **Eignung für Kleinkinder:** Sehr gut geeignet, da die Länge je nach Lust und Tagesverfassung variiert werden kann. So kann man z.B. bei der Elisabethwiese in den 38A einsteigen, wenn der Weg bis zum Kahlenberg zu lang wird.

› **Kinderwagen:** Ja. Dann aber bei der Abzweigung nicht nach links gehen, sondern rechts am Asphaltweg bleiben. Diesen immer entlang, an der Josefinenhütte vorbei und schließlich den Asphaltweg hinauf zum Kahlenberg gehen.

› **Kinderfahrrad:** Nein.

☺ ATTRAKTIONEN FÜR KINDER:

• Spielwiese und Schaukeln bei der Elisabethwiese • Hochseilklettergarten inklusive Wichtelparcours für Kinder unter 110 cm Größe

INFOS:

• Waldklettergarten bei der Josefinenhütte: Der Parcours auf Seilen quer durch den Wald ist für Kinder ab 110 cm Körpergröße geeignet. Für Kleinere gibt es einen kostenlosen Wichtelparcours. Infos zu Preisen und Öffnungszeiten: *www.waldseilpark-kahlenberg.at*. • Josefinenhütte: etwa auf halbem Weg zwischen Leopolds- und Kahlenberg: *www.josefinenhuette.at*.
• Stefaniewarte: geöffnet am Wochenende von Mai bis Oktober • Hütte am Weg bei der Elisabethwiese, Mi Ruhetag • Hotel Kahlenberg, schöne Aussichtsterrasse, *www.kahlenberg.eu*.

WEGBESCHREIBUNG:

Von der Bushaltestelle aus kann man zuerst noch das kleine Stück auf den Leopoldsberg gehen und die herrliche Aussicht über Wien genießen. Danach wieder hinunter und dem gelben Wegweiser zur Elisabethwiese folgen. Schließlich bei der Kreuzung (hier beginnt auch der Hochseil-Parcours) den Asphaltweg verlassen und den Weg leicht links nehmen. Bei der Elisabethwiese angekommen wiederum den linken Weg nehmen und an der Wiese vorbei leicht bergauf. Bei der Kreuzung gleich danach rechts etwas steiler bergauf (weiß-rot-weiße Markierung). Der Weg trifft schließlich wieder auf den Asphaltweg. Diesen noch ein kleines Stück nach links bergauf bis zum Parkplatz am Kahlenberg wandern. Von hier aus noch das kleine Stück weiter bis zu Kirche und Aussichtsterrasse, gleich in den Bus zurück einsteigen oder den Weg retour gehen. Wer noch die Stefaniewarte besuchen will, muss am Ende des Parkplatzes rechts und dann bald nochmals rechts abbiegen. Wer mit dem Auto unterwegs ist, geht den gleichen Weg zurück oder nimmt den Bus Nummer 38A, um wieder zum Leopoldsberg zu gelangen.

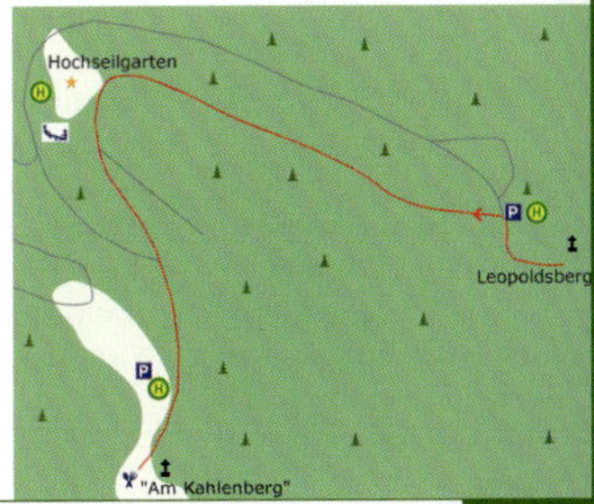

06 Vom Fischerhaus über die Jägerwiese zum **Cobenzl**

3,5 km
1,5 h

Mit Cobenzl, Himmel und Jägerwiese führt diese Wanderung gleich an drei sehr kinderfreundliche Orte. Am Cobenzl gibt es Spielplätze und einen Bauernhof, der besucht werden kann. Am Himmel befindet sich ebenfalls ein toller Spielplatz und auf der Jägerwiese laden neben einem weiteren Spielplatz und einer großen Wiese Tiergehege zu einem längeren Aufenthalt ein.

- **Anforderung:** Leichte Wanderung auf einem schönen, schattigen Weg. Nur von der Fischerhütte bis zur Jägerwiese geht es ein etwas längeres Stück bergauf.
- **Dauer:** Fischerhaus-Jägerwiese-Cobenzl: 3,5 km, 60 Höhenmeter, 1,5 Std.; Variante inklusive „Am Himmel“: 4 km, 60 Höhenmeter, 1,5 Std.
- **Bestes Wetter:** Jedes Wanderwetter. Der Weg verläuft praktisch durchgehend im Wald und ist daher auch bei leichtem Regen und im Sommer eine gute Option.
- **Anfahrt PKW:** Es ist besser, öffentlich anzureisen, da Ausgangs- und Endpunkt der Tour nicht ident sind. Wer dennoch mit dem Auto kommen möchte, kann am Cobenzl parken und von dort zur Jägerwiese und wieder retour gehen. (Navi: 1190 Wien, Am Cobenzl)
- **Parkplatz:** Es gibt beschilderte Parkplätze am Cobenzl.
- **Anfahrt öffentlich:** Hinfahrt: mit der Linie 43A ab Neuwaldegg (Anreise gut planen, da der Bus nicht so oft fährt) bis zur Station Höhenstraße/Rohrerwiese, retour mit der Linie 38A vom Cobenzl nach Heiligenstadt.
- **Eignung für Kleinkinder:** Mit Kleinkindern am besten vom Fischerhaus zur Jägerwiese und am gleichen Weg wieder retour gehen oder einfach einen Ausflug zum Himmel machen und von dort einen kleinen Spaziergang unternehmen, z.B. zur Sisi-Kapelle.
- **Kinderwagen:** Nein. Es ist aber möglich, mit dem Kinderwagen direkt vom Cobenzl zur Jägerwiese und wieder retour zu gehen.
- **Kinderfahrrad:** Nein.

ATTRAKTIONEN FÜR KINDER:

• Jägerwiese mit Spielplatz und großer Wiese (eignet sich auch zum Drachensteigen) • Tiergehege bei der Jägerwiese • Schöner Spielplatz und viel Platz zum Toben am Himmel • Spielplätze und (kostenpflichtige) Tiergehege am Cobenzl

INFOS:

• Gasthaus zum Agnesbründl/Jägerwiese, *www.jaegerwiese.at*, Ruhetage: Mo und Di • Bauernhof am Cobenzl: *www.landgut-cobenzl.at*. • „Am Himmel“ befindet sich ein Café, ein Lebensbaumkreis und ein netter Spielplatz: *www.himmel.at*.

WEGBESCHREIBUNG:

Von der Bushaltestelle aus am Restaurant Fischerhaus links vorbei. Gleich nach dem Gebäude erreicht man eine Weggabelung. Hier rechts abbiegen (Wegweiser: Kohlebrennerbrücke, Am Himmel). Nun immer den schattigen Waldweg entlang. Bei einer Weggabelung dem Weg nach rechts folgen und ein kurzes Stück neben der Höhenstraße gehen bis der Weg links in den Wald einbiegt und bergauf zur Jägerwiese führt. Zurück dann jenen Weg mit dem Wegweiser „Stadtwanderweg 2“ nehmen. Bei der Abzweigung, die nach kurzer Zeit kommt, rechts hinein (Wegweiser Kreuzeiche). Bei der Kreuzeiche angekommen, gibt es nun zwei Möglichkeiten: 1. Geradeaus weiter direkt zum Cobenzl mit Spielplätzen und Bauernhof gehen. 2. Wenn man noch einen Abstecher zum Himmel machen möchte, bei der Kreuzeiche rechts abbiegen. Fast bei der Höhenstraße angekommen, nach links und bei einigen Häusern vorbei. Danach trifft man erneut auf die Höhenstraße. Nun diese überqueren, um zum Himmel zu gelangen. Zum Cobenzl dann nach Verlassen des Himmels rechts abbiegen und den Weg neben der Höhenstraße entlang gehen.

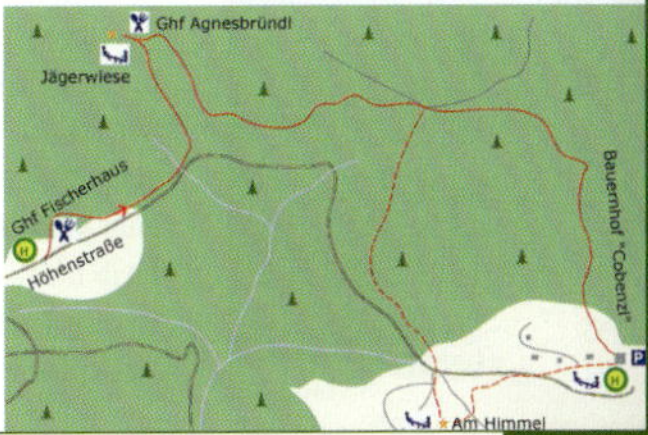

07 Auf den Kaltenbründlberg im **Lainzer Tiergarten**

6,6 km
2,5 h

Der von einer 22 km langen und 2,5 Meter hohen Mauer umgebene Lainzer Tiergarten diente einst den Herrschern als Jagdrevier. Heute ist er ein beliebtes Erholungsgebiet. Sechs Tore führen in das Areal. Das Laaber Tor, bei dem diese Wanderung beginnt, ist im Gegensatz zu den Wiener Toren deutlich weniger stark frequentiert. Diese Tour führt unter anderem zum höchsten Punkt des Lainzer Tiergartens, dem Kaltenbründlberg (508 m). Und sobald man die 122 Stufen auf die Hubertuswarte geschafft hat, bietet sich ein herrlicher Ausblick über Wien.

› **Anforderung:** Leichte Wanderung auf schönen Wegen bis zum Hirschgstemm. Für die Fortsetzung zur Hubertuswarte ist etwas Ausdauer notwendig.

› **Dauer:** Vom Laaber Tor zum Hirschgstemm und retour: 3,8 km, vom Hirschgstemm zur Hubertuswarte und retour nochmals 2,8 km, insgesamt 120 Höhenmeter, 2,5 Std.

› **Bestes Wetter:** Herbst oder bedeckte Sommertage, denn der erste Teil der Wanderung ist schattenlos. Der Weg bis zum Hirschgstemm ist sogar im Winter gut machbar, da es einen Winterdienst gibt.

› **Anfahrt PKW:** Die Breitenfurter Straße stadtauswärts. Nach einiger Zeit dem Wegweiser nach Laab im Walde folgen. Bald nach der Ortseinfahrt von Laab rechts in die Hauptstraße einbiegen. Bei der nächsten Kreuzung geradeaus weiter in die Tiergartenstraße. Diese entlang bis ein Fahrverbotsschild erreicht wird. Hier parken. (Navi: 2381 Laab im Walde, Tiergartenstraße, Lainzer Tiergarten)

› **Parkplatz:** Am Ende der Straße sind Parkplätze vorhanden.

› **Anfahrt öffentlich:** Mit dem ÖBB-Postbus 253 von Liesing nach Laab im Walde (Haltestelle: Friedhof). In die Hauptstraße hinein und bei der Kreuzung geradeaus weiter die Tiergartenstraße bis zum Fahrverbotsschild entlang gehen. Von der Haltestelle bis zum Ausgangspunkt ist es ca. 1 km.

› **Eignung für Kleinkinder:** Der Weg bis zum Hirschgstemm ist für gehfreudige Kleinkinder geeignet.

› **Kinderwagen:** Ja. Bis zum Hirschgstemm Asphaltweg, von dort bis zur Hubertuswarte ein breiter Waldweg (ein geländegängiger Kinderwagen ist hier notwendig).

› **Kinderfahrrad:** Nein.

ATTRAKTIONEN FÜR KINDER:

• Spielplatz beim Hirschgstemm
• Kastanien sammeln im Herbst • Im Lainzer Tiergarten können mit etwas Glück frei laufende Wildschweine beobachtet werden.

INFOS:

• Öffnungszeiten des Lainzer Tiergartens, allgemeine Informationen: *www.wien.gv.at/umwelt/wald/erholung/lainzertiergarten/* bzw. *www.lainzer-tiergarten.at*. • In der Nähe befindet sich der Annahof (siehe auch unter Ausflugszielen): *www.annahof-laab.at*. • Gasthaus Hirschgstemm, sehr netter Gastgarten, Tel. 0664/4433356.

WEGBESCHREIBUNG:

Vom Fahrverbotsschild aus die Asphaltstraße hinein bis nach kurzer Zeit das Laaber Tor erreicht wird. Auf dem Schotterweg weiter zum Dianator. Von dort auf einem Asphaltweg geradeaus immer den Wegweisern zum Hirschgstemm folgen. Das letzte Stück bis zu Gasthaus und Spielplatz geht es bergauf. Um zur Hubertuswarte zu gelangen, den Schotterweg nach dem Gasthaus Hirschgstemm rechts hinein nehmen. Der Weg zur Warte ist sehr gut beschildert. Schließlich auf dem gleichen Weg wieder zurück zum Ausgangspunkt.

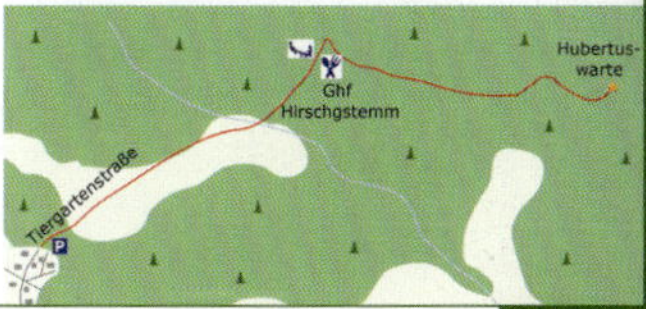

08 Eine gemütliche Runde im **Maurer Wald**

3 km
1,5 h

Der Maurer Wald ist bei (fast) jedem Wetter ein nettes Wanderziel. Am Weg, der praktisch durchgehend im Wald verläuft, liegen zwei Spielplätze und der Pappelteich. Pappelteich klingt allerdings romantischer als das Gewässer tatsächlich ist: Denn der Teich ist ein Betonbecken, das ursprünglich zum Schwimmen und als Löschwasserbehälter errichtet wurde. Heute ist er Lebensraum für zahlreiche Wasserpflanzen, Kaulquappen und Enten. Im Winter kann hier gerodelt werden.

- **Anforderung:** Leichte Wanderung auf schönen, zum Gasthaus hin nur sanft ansteigenden Wegen.
- **Dauer:** RW: 3 km, 40 Höhenmeter, 1,5 Std.
- **Bestes Wetter:** Jedes Wanderwetter. Der Weg führt größtenteils durch Wald und ist daher auch an sonnigen Tagen und bei leichtem Regen machbar. Nach längerem Regen ist es allerdings gatschig.
- **Anfahrt PKW:** Der Ausgangspunkt befindet sich am Ende der Anton-Krieger-Gasse im 23. Bezirk. (Navi: 1230 Wien, Anton-Krieger-Gasse 204)
- **Parkplatz:** Es gibt einen großen, beschilderten Parkplatz am Ende der Anton-Krieger-Gasse.
- **Anfahrt öffentlich:** Mit dem Autobus 60A bis zur Lindauergasse. Von hier aus die Anton-Krieger-Gasse bis zum Ende weitergehen.
- **Eignung für Kleinkinder:** Sehr gut geeignet, da der Rundweg nicht allzu lange ist und etwa in der Mitte eine ausgedehnte Pause beim Spielplatz und Gasthaus gemacht werden kann.
- **Kinderwagen:** Die Wege sind für sehr Geübte mit einem geländegängigen Kinderwagen befahrbar.
- **Kinderfahrrad:** Nein.

ATTRAKTIONEN FÜR KINDER:

• Zwei Spielplätze in der Nähe des Pappelteichs • Spielplatz beim Gasthaus Schießstätte • Rodelhügel gleich beim Parkplatz

INFOS:

• Gasthaus Schießstätte, Mi und Do Ruhetag, netter Gastgarten

WEGBESCHREIBUNG:

Vom Parkplatz aus zum Ende der Anton-Krieger-Gasse gehen. Dann die Verlängerung der Anton-Krieger-Gasse auf dem Schotterweg geradeaus weiter leicht bergauf an einer Mauer entlang wandern (Wegweiser: Sternengarten). Oben nach rechts zum Sternengarten abbiegen. Den Weg am Sternengarten vorbei nehmen und dann den linken Weg in den Wald hinein. Nun diesem schmalen, teilweise verwachsenen Weg folgen und bei der Weggabelung wiederum links halten. Bei der nächsten Kreuzung nach links in den Weg mit der weiß-rot-weißen Markierung, der leicht bergauf führt, einbiegen. Dann immer den Wegweisern zum „Gasthaus zur Schießstätte" folgen. Vom Gasthaus aus wieder auf demselben Weg zurück zur Kreuzung. Hier immer den Stadtwanderweg 6 entlang wandern. Schließlich ein kleines Stück nach rechts zum Spielplatz und noch ein Stück auf dem Asphaltweg weiter zum Pappelteich mit einem weiteren Spielplatz. Das Stück auf dem Asphaltweg zurück und beim Spielplatz angekommen auf diesem Weg weiter zurück zum Ausgangspunkt gehen.

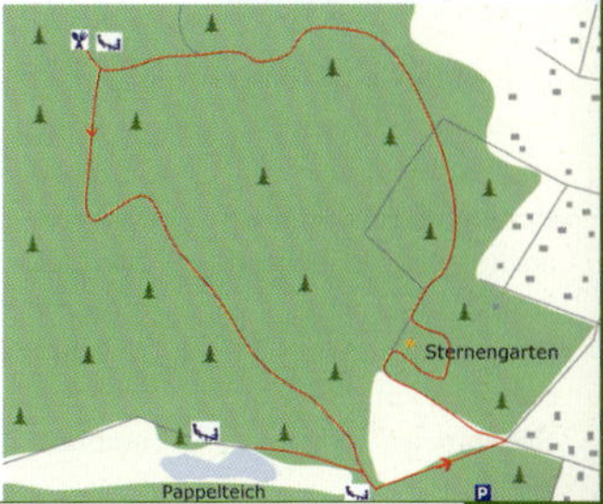

09 Zum Franz-Ferdinand-Schutzhaus im **Naturpark Föhrenberge**

6 km
2,5 h

Die Perchtoldsdorfer Heide ist Teil des Naturparks Föhrenberge, der sich von Mödling bis zur südlichen Wiener Stadtgrenze erstreckt. Die Heide ist Lebensraum für mehr als 300 Pflanzenarten und auch seltene Tiere, wie etwa eine Zieselkolonie, bevölkern die Hänge.
Außerdem bietet diese Wanderung – sowohl während des ersten Teils über die Heide, als auch später von der Terrasse des Schutzhauses – einen wunderschönen Ausblick über Wien.

- **Anforderung:** Der Weg ist zwar technisch nicht anspruchsvoll, aber das stetige und zum Schluss doch steile Stück bergauf erfordert Ausdauer.
- **Dauer:** Hin und retour: ca. 6 km, 230 Höhenmeter, 2,5 Std.
- **Bestes Wetter:** Nicht zu warmes Wanderwetter, da der erste Teil des Weges in der Sonne liegt.
- **Anfahrt PKW:** Auf der Breitenfurter Straße stadtauswärts. Schließlich links in die Willergasse einbiegen (immer den Wegweisern nach Perchtoldsdorf folgen). Danach gleich wieder rechts in die Hochstraße. Nach dem Bahnübergang aufwärts in die Scholaugasse und schließlich links in die Sonnbergstraße einbiegen und immer den grünen Wegweisern zur Heide folgen. (Navi: 2380 Perchtoldsdorf, Naturpark Föhrenberge, Lohnsteinstr.)
- **Parkplatz:** Es gibt einen Naturpark-Parkplatz. Die „Heide"-Schilder führen direkt dorthin.
- **Anfahrt öffentlich:** Mit der Linie 60 bis Rodaun und/oder mit dem 60A bis Willergasse/Ketzergasse. Von der 60A-Haltestelle in die Willergasse stadtauswärts und am Rodauner Kirchenplatz vorbei gehen. Die Willergasse führt in die Sonnbergstr. Nach einem Stück dann rechts in die Dr. Gorlitzer-Gasse, die in die Lohnsteinstr. führt. Diese führt zum Naturpark-Parkplatz und damit zum Ausgangspunkt. Prinzipiell immer den Heide-Wegweisern folgen. Die Wanderung verlängert sich so um ca. 1,2 km pro Strecke.
- **Eignung für Kleinkinder:** Nicht geeignet.
- **Kinderwagen:** Der erste Teil der Wanderung über die Heide ist kinderwagentauglich. Das letzte Stück ist allerdings zu steil und holprig.
- **Kinderfahrrad:** Nein.

ATTRAKTIONEN FÜR KINDER:

• Spielplatz am Ende der Heide • Spielplatz in der Nähe des Franz-Ferdinand-Schutzhauses • Die Heide ist außerdem ein beliebter Ort zum Drachensteigen.

INFOS:

• Franz-Ferdinand-Schutzhaus, tolle Aussicht vom Gastgarten, *www.franz-ferdinand-huette.at*, Ruhetage: Do und Fr. • Infos zur Perchtoldsdorfer Heide: *www.perchtoldsdorfer-heide.at*. • Im Perchtoldsdorfer Freizeitzentrum gibt es neben Hallen- und Freibad, auch eine Kletterhalle und im Winter eine Eisarena. *www.fzz-perchtoldsdorf.at*. • Allgemeine Infos zu Perchtoldsdorf: *www.perchtoldsdorf.at*.

WEGBESCHREIBUNG:

Vom Parkplatz aus die Asphaltstraße mit dem Schranken hinein gehen. Bei der nächsten Möglichkeit rechts über eine Brücke abbiegen und am Asphaltweg mit herrlicher Aussicht bergauf über die Heide wandern. Am oberen Ende der Heide befindet sich ein kleiner Spielplatz. Die Forststraße immer weiter und immer den Wegweisern „Bierhäuslberg, Parapluiberg, Franz-Ferdinand-Schutzhaus" folgen. Bei einem kleinen Tümpel rechts abbiegen und bald darauf links in einen Waldweg hinein, der relativ steil bergauf zur Hütte führt. Am gleichen Weg zurück. Man kann allerdings nach dem Tümpel noch ein kurzes Stück auf der Forststraße gehen und dann links hinein in den Wald abbiegen. Der Weg trifft wieder auf die Forststraße. Auf dieser weiter zurück zum Ausgangspunkt.

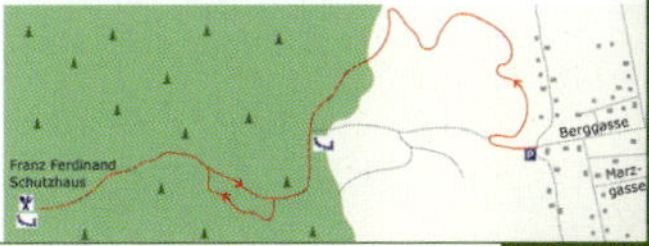

10 Eine Runde am **Mödlinger Kalenderberg**

5,3 km
2 h

Der Kalenderberg in Mödling bietet viel Abwechslung und ist zudem von Wien aus relativ schnell zu erreichen. Bereits kurz nach Beginn der Wanderung wird die eindrucksvolle Burg Liechtenstein erreicht, die im 12. Jahrhundert errichtet wurde. Gleich danach befindet sich ein schöner Spielplatz. Etwas später gelangt man zum Amphitheater, einer künstlichen Ruine, die 1810 gebaut wurde. Weiters liegen noch der – weniger sehenswerte – Schwarze Turm und die Ruine Pfefferbüchsel auf der Strecke.

Der Weg verläuft fast überwiegend im Wald. Nach dem Schwarzen Turm folgt ein Wegabschnitt mit herrlicher Aussicht. Unterwegs stehen unzählige Bänke und Picknicktische, die zu einer Rast einladen.

› **Anforderung:** Schöne, abwechslungsreiche, leichte Wanderung. Der Großteil des Weges ist ein breiter Waldweg. Nach dem Schwarzen Turm führt ein kleines, steileres Stück über Wurzeln und Steine.

› **Dauer:** RW: 5,3 km, ca. 40 Höhenmeter, 2 Std.

› **Bestes Wetter:** Jedes Wanderwetter. Der Weg verläuft großteils im Wald.

› **Anfahrt PKW:** Auf der A21 bis nach Gießhübl. Nach der Abfahrt links abbiegen und immer die Gießhübler Hauptstr. entlang (braunen Burg Liechtenstein-Wegweisern folgen). Rechts in die Urlaubskreuz Straße einbiegen und dann bald nach links in die Johannesstraße. Der Burg Liechten-

stein-Wegweiser führt zum Parkplatz. (Navi: 2344 Maria Enzersdorf, Burg Liechtenstein, Am Hausberg 1)

› **Parkplatz:** Es gibt einen großen, gut ausgeschilderten Parkplatz ein Stück bevor man zur Burg Liechtenstein gelangt.

› **Anfahrt öffentlich:** Mit der S-Bahn oder dem Zug nach Mödling. Dort weiter mit dem Bus 262 Richtung Gießhübl bis nach Maria Enzersdorf Siedlungsstraße. Von der Haltestelle aus die Johannesstraße ein Stück weiter und dann den Burg Liechtenstein-Schildern folgend links abbiegen. So wird in Kürze der Parkplatz und damit der Ausgangspunkt erreicht.

› **Eignung für Kleinkinder:** Empfehlenswert, da es ein abwechslungsreicher Weg mit nur geringem Höhenunterschied ist. Sicherheitshalber eine Trage mitnehmen. Die Runde kann auch abgekürzt werden, indem man beim Amphitheater einfach geradeaus weiter geht. Diesem Weg immer folgen. Schließlich zuerst links und dann bald rechts abbiegen (Wegweiser: Parkplatz).

› **Kinderwagen:** Nein. Wer mit dem Kinderwagen (geländegängig) gehen möchte, kann z.B. bis zum Amphitheater und wieder retour wandern (hin und retour ca. 3 km).

› **Kinderfahrrad:** Nein.

ATTRAKTIONEN FÜR KINDER:

• Spielplatz • Burg • Amphitheater und Ruinen.

INFOS:

• Allgemeine Informationen zur Gemeinde Maria Enzersdorf inkl. Gastronomiebetrieben: *www.mariaenzersdorf.gv.at*. • Wer einen Umweg in Kauf nehmen möchte, kann nach dem Amphitheater den Wegweisern zum „Restaurant, Kobenzl" folgen. Diese führen zum Gasthaus Mödlinger Kobenzl, Ruhetag: Mo, *www.moedlingerkobenzl.at*.

• Ganz in der Nähe des Kalenderbergs befindet sich die Seegrotte Hinterbrühl: *www.seegrotte.com*.

WEGBESCHREIBUNG:

Vom Parkplatz aus hinauf zu dem Weg im Wald gehen. Auf dem Asphaltweg angekommen nach links abbiegen und dann immer den Wegweisern zur Burg Liechtenstein folgen. Bei der Burg angekommen die Straße zur Burg hin überqueren und dann bei der Burg nach rechts in den Wald hinein. Nach einiger Zeit taucht auf der rechten Seite ein Spielplatz und eine große Wiese auf (um zum Spielplatz zu gelangen, muss man einen kleinen Abschneider durchs Unterholz machen). Den Spielplatz überqueren und auf der gegenüberliegenden Seite bis zum Weg und auf diesem nach links gehen. Nach einigen Metern wird eine Kreuzung erreicht. Bei dieser den Weg nach rechts (Wegweiser „Amphitheater, Schwarzer Turm") nehmen. Nun leicht bergauf durch den Wald bis nach rechts der Weg zum Amphitheater abzweigt. Vom sehenswerten Amphitheater wieder zurück zum Hauptweg und weiter Richtung „Mödling, Schwarzer Turm". Bei der folgenden Kreuzung Richtung „Schwarzer Turm" und kurz darauf nach links in den Waldweg wiederum dem Wegweiser zum „Schwarzen Turm" folgen.

Beim Schwarzen Turm angekommen nach rechts über Wurzeln hinauf und auf einem kleinen Pfad mit herrlicher Aussicht wandern. Beim Wegweiser zur Kanzel nach rechts abbiegen und über einen schmalen Weg an einer schönen Wiese mit Picknicktisch vorbei bis zum Hauptweg. Hier nach links abbiegen und gleich darauf den rechten Weg nehmen, um nach einiger Zeit wieder auf den Hauptweg zu gelangen. Nach rechts und immer dem Weg entlang zur Ruine Pfefferbüchsel. Danach weiter auf dem Hauptweg. Unten angekommen nach links und danach gleich nochmals nach links zurück zum Parkplatz.

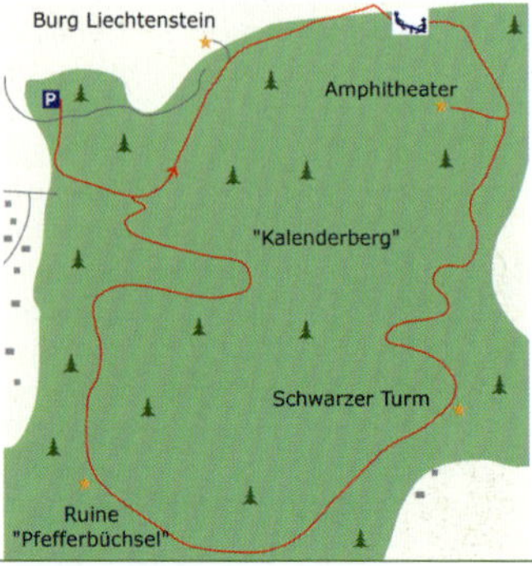

11 Auf den **Pfaffstättner Kogel**

3 km
1,5 h

Eine Höhle, eine Aussichtswarte mit Fernblick, ein netter Spielplatz und eine gemütliche Hütte sind die Belohnungen für die Wanderung auf den 541 Meter hohen Pfaffstättner Kogel. Denn obwohl der Ausläufer des Anningers niedriger als sein bekannter Nachbar ist, führt der Weg zur Hütte relativ steil und stetig bergauf und ist daher nur für ausdauernde Kinder empfehlenswert.
Um die Einödhöhle auf dem Rückweg noch ausgiebig erforschen zu können, sollte unbedingt eine Taschenlampe mitgenommen werden.

- **Anforderung:** Die Wanderung eignet sich für gehfreudige Kinder, die gerne bergauf gehen. Der erste Teil bis zur Hütte ist zwar nicht übermäßig lange, dafür geht es ausschließlich bergauf. Für den Weg bergab sollten die Kinder über Trittsicherheit verfügen, da er stellenweise steil ist.
- **Dauer:** RW: 3 km, 250 Höhenmeter, 1,5 Std.
- **Bestes Wetter:** Von Frühling bis Herbst; nicht nach längerem Regen, da es dann rutschig ist. Der Weg verläuft praktisch durchgehend im Wald und ist daher schattig.
- **Anfahrt PKW:** Vorweg: Die Wegweiser sind oft versteckt, der Start der Wanderung daher nicht ganz leicht zu finden. Auf der A2 bis zur Ausfahrt Traiskirchen. Nach der Abfahrt rechts Richtung Pfaffstätten abbiegen. Nach der Stadteinfahrt von Traiskirchen dem Wegweiser „Pfaffstätten" folgen und links abbiegen. Nun immer die Pfaffstättnerstraße entlang. In Pfaffstätten rechts Richtung Gaaden/Einöde abbiegen und unter der Bahnunterführung durch. Bald gelangt man so zu einem Weinberg. Hier links abbiegen und danach gleich wieder rechts Richtung Gaaden. In Einöde rechts auf den Einöde-Parkplatz. Wenn man diesen verpasst: Beim Ortsende-Schild rechts ist ebenfalls ein Parkplatz. Von hier aus einfach die Straße zurückgehen und bei der 2. Straße nach links einbiegen, um auf den 1. Parkplatz zu kommen. (Navi: 2511 Pfaffstätten, Einöde)
- **Parkplatz:** Der Parkplatz befindet sich in Einöde beim Start des Einödwegs.
- **Anfahrt öffentlich:** Möglich, aber vom Bahnhof zum Ausgangspunkt sind es ca. 2 km zu Fuß. Mit der S-Bahn Richtung Wr. Neustadt von Wien nach Pfaffstätten. Um vom Bahnhof zum Ausgangspunkt zu gelangen, einfach die Einödstraße rund 2 km entlang gehen.
- **Eignung für Kleinkinder:** Nicht geeignet.
- **Kinderwagen:** Nein.
- **Kinderfahrrad:** Nein.

ATTRAKTIONEN FÜR KINDER:

• Höhle, die betreten werden kann (Taschenlampe nicht vergessen!) • netter Spielplatz bei der Proksch-Hütte • Aussichtswarte bei der Hütte

INFOS:

• *www.prokschhuette.com*, Rudolf Proksch-Hütte, ganzjährig geöffnet, Mo und Di Ruhetag; vor der Hütte gibt es einen tollen Spielplatz und eine Aussichtswarte.

WEGBESCHREIBUNG:

Vom Parkplatz aus den Weg in den Wald hinein gehen. Gleich bei der ersten Abzweigung nach rechts abbiegen und immer den Wegweisern zur „Proksch-Hütte" bzw. dem „Einödweg Rudolf Prokschhütte" folgen. Zunächst geht es ein Stück recht steil bergauf, danach wird es bis zur Hütte etwas flacher. Um wieder zum Parkplatz zu gelangen, nimmt man den Weg, der wenn man vor der Hütte steht, direkt auf der linken Seite der Hütte beginnt (Richtung Einöde Parkplatz). Nach gut zwei Dritteln des Abstieges dem Wegweiser nach rechts zu den Einödhöhlen folgen. Am gleichen Weg wieder retour zur Abzweigung und weiter zurück zum Parkplatz.

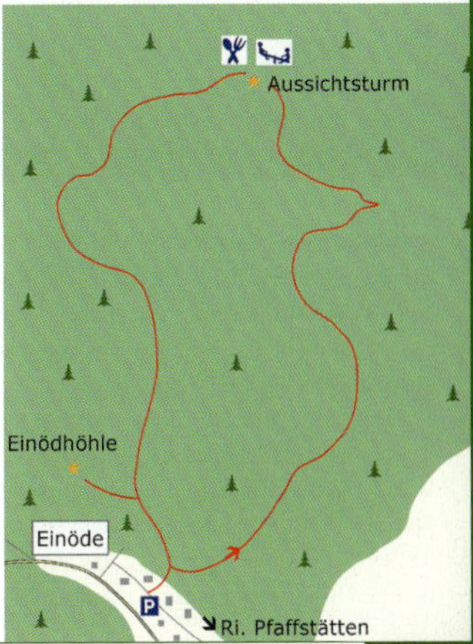

12 Ruine und Höhle im **Helenental**

6 km
2 h

Rauhenstein und Rauheneck: Diese beiden Ruinen stehen sich am Eingang des Helenentals in Baden gegenüber. Die Burgen wurden im 12. Jahrhundert vom Geschlecht der Tursen errichtet. Die Ruine Rauheneck, zu der man bei dieser Wanderung gelangt, ist auf drei Seiten von steil abfallenden Felsen geschützt. Auf der vierten Seite wurde ein Graben angelegt. Der Turm der Ruine ist frei zugänglich und bietet eine wunderschöne Aussicht. Ein weiteres Highlight der Wanderung ist die Königshöhle. Da die Decke der Höhle eingestürzt ist, gelangt Sonnenlicht direkt ins Innere – ein faszinierender Anblick, der nicht nur Kinder begeistert.

- **Anforderung:** Diese Wanderung erfordert Ausdauer, da es bis zur Ruine größtenteils bergauf geht.
- **Dauer:** RW: ca. 6 km, 120 Höhenmeter, 2 Std.
- **Bestes Wetter:** Schönes Wanderwetter. Auch im Sommer eine nette Runde, da der Weg fast durchgehend im Schatten verläuft.
- **Anfahrt PKW:** Auf der A2 bis zur Ausfahrt Baden. Dann gleich links abbiegen und immer den grünen Wegweisern ins Helenental folgen. Die Helenenstraße entlang bis zum Hotel Sacher. Vor dem Hotel links abbiegen, um auf den Parkplatz zu gelangen. (Navi: 2500 Baden, Helenenstraße 55)
- **Parkplatz:** Parkplätze sind beim Erholungsgebiet Holzrechenplatz vorhanden. Die Bushaltestelle befindet sich ebenfalls hier. Zu den Tennisplätzen am Ende des Parkplatzes und damit zur Brücke über die Schwechat gehen.
- **Anfahrt öffentlich:** Mit dem Zug oder der S-Bahn nach Baden. Vom Bahnhof mit Bus Nr. 362 bis nach Baden Rauhenstein. Die Bushaltestelle befindet sich gleich beim Parkplatz, von dem aus die Wanderung startet.
- **Eignung für Kleinkinder:** Nur mäßig und für sehr gehfreudige Kleinkinder geeignet. Auf alle Fälle eine Tragehilfe mitnehmen.
- **Kinderwagen:** Nein.
- **Kinderfahrrad:** Nein.

ATTRAKTIONEN FÜR KINDER:

• Spielplatz beim Parkplatz am Holzrechenplatz • Höhle • Ruine, Aussichtsturm.

INFOS:

• Ausreichend Proviant mitnehmen, man kommt unterwegs bei keiner Einkehrmöglichkeit vorbei. • Es gibt ein Lokal (Gasthaus Hauswiese) mit großem Gastgarten, wenn man am Ende der Wanderung nicht über die Brücke, sondern das „Wegerl im Helenental" ein Stück weiter geht. Tel. 02252/43081, *www.hauswiese.at*, geöffnet: Fr, Sa, So ab 10 Uhr. • Eine große Auswahl an Lokalen bietet natürlich Baden selbst: *www.baden.at*. • Lohnenswert sind im Anschluss die beiden Bademöglichkeiten in Baden für Schön- bzw. Schlechtwetter: Das Strandbad Baden (*www.baden.at/strandbad*) bzw. die Römertherme (*www.roemertherme.at*).

WEGBESCHREIBUNG:

Vorweg: Der Weg ist relativ schlecht beschildert. Am Ende des Parkplatzes vor den Tennisplätzen links über die Brücke. Auf der anderen Seite der Schwechat angekommen nach links und immer dem Fluss entlang bis zuerst eine Betonmauer und dann ein großes Haus erreicht wird. Hier jenen Weg nehmen, der leicht nach rechts bergauf führt. Nach kurzer Zeit die Straße queren und im Wald gleich nach links (weiß-rot-weiße Markierung). Diesem Weg, der fast parallel zur Straße verläuft, folgen bis man auf einen kleinen Asphaltweg stößt (Schild: Rodelbahn). Anschließend nach rechts bergauf und in der Rechtskurve wieder in den Waldweg hinein (weiß-blau-weiße Markierung). Der Weg zur Ruine führt nun stetig bergauf. Um zur Königshöhle zu gelangen, von der Brücke, die aus der Ruine hinaus führt, geradeaus und bei der Gabelung den kleinen Pfad leicht rechts entlang. Bei der nächsten Weggabelung wieder nach rechts, sowie auch bei der darauffolgenden Kreuzung den rechten Weg nehmen. Der weiß-blau-weißen Markierung folgend bald wieder nach rechts (weiß-blau-weißer Pfeil) bis zur Höhle. Von dort weiter durch den Wald bergab. Beim Schranken auf der Forststraße geradeaus. Bald gelangt man wieder zur Straßenquerung vom Aufstieg. Hier nun nach links hinunter bis zum Weg entlang der Schwechat und schließlich wieder über die Brücke zurück zum Ausgangspunkt.

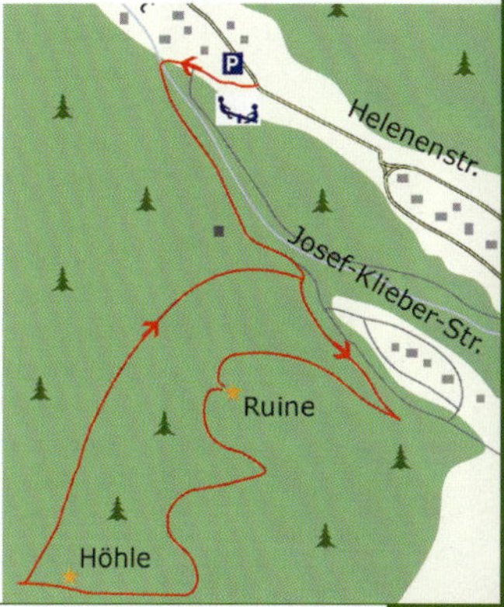

13 Zu den **Myrafällen** und auf den **Hausstein**

4 km
2 h

Tosende Wasserfälle, Holzstege und Stiegen: Langweile kommt am Weg entlang der beeindruckenden Myrafälle keine auf. Nach der Klamm bietet sich mit größeren Kindern (ab ca. 5 Jahren) die Fortsetzung der Wanderung auf den Hausstein an, der auf einer Seite schroff abfällt und von der Ferne recht bedrohlich ausschaut. Der Gipfel bietet eine schöne Fernsicht.
Um die Wanderung so richtig genießen zu können, empfiehlt es sich, die Myrafälle unter der Woche zu besuchen. Denn an schönen Wochenenden ist sehr viel los und dauernder Gegenverkehr auf den schmalen Holzstegen trübt das Wandervergnügen deutlich.

- **Anforderung:** Der erste Teil besteht aus gut gesicherten Holzsteigen und -treppen. Die Strecke vom Ende der Wasserfälle bis zum Karnerwirt ist ein leichter Waldweg. Die Runde inklusive Hausstein ist hingegen deutlich schwieriger und nur für größere, gehfreudige und trittsichere Kinder zu empfehlen, da der Weg ein Stück über einen Felsen mit Drahtseilsicherung führt. Besondere Vorsicht ist im Gipfelbereich geboten, da hier die Wände senkrecht abfallen.

- **Dauer:** RW: etwa 4 km, 210 Höhenmeter, ca. 2 Std.
- **Bestes Wetter:** Schönes Wanderwetter. Der Weg verläuft praktisch durchgehend im Schatten. Im Winter werden Brücken und Geländer nicht kontrolliert.
- **Anfahrt PKW:** A2 bis zum Knoten Wöllersdorf. Nach der Abfahrt immer Richtung Gutenstein bzw. den grünen Schildern zu den Myrafällen folgen. In Pernitz nach der Brücke rechts abbiegen nach Muggendorf/Myrafälle. Die Parkplätze sind gut beschildert. (Navi: 2763 Muggendorf, Myrafälle)
- **Parkplatz:** Es sind mehrere gekennzeichnete Parkplätze vorhanden. Von den Parkplätzen führen blaue „Wasserwelt Myrafälle“-Wegweiser zum Eingang der Wasserfälle.
- **Anfahrt öffentlich:** Öffentlich sind die Myrafälle leider nicht erreichbar.
- **Eignung für Kleinkinder:** Der 1. Teil ist sehr gut geeignet, die Runde auf den Hausstein nach dem Karnerwirt allerdings nicht mehr. Also am besten nur bis zum Karnerwirt und auf dem gleichen Weg wieder retour gehen. Vom Klamm-Ende zum Karnerwirt bieten sich immer wieder Möglichkeiten, im Bach zu spielen.
- **Kinderwagen:** Nein.
- **Kinderfahrrad:** Nein.

ATTRAKTIONEN FÜR KINDER:

- Stege und Stiegen bei den Wasserfällen,
- Möglichkeiten zum Spielen im Bach
- nette Spielplätze beim Karnerwirt und in der Nähe der Myra-Stubn (Wasserspielplatz inklusive Floß)

INFOS:

- Es muss ein geringer Beitrag zur Wegerhaltung bezahlt werden. Infos unter: *www.muggendorf.at*. Von Anfang Mai bis Oktober sind die Wasserfälle nach Einbruch der Dunkelheit beleuchtet. • Gasthaus Myra-Stubn, gleich zu Beginn der Wasserfälle, *www.myrastubn.at*, Mi Ruhetag. • Gasthaus Karnerwirt, großer Spielplatz, direkt beim oberen Myra-Stausee, Ruhetage ab Ostern: Mo 14 Uhr bis Mi, Juli, August: Di geschlossen, *www.karnerwirt.at*.

WEGBESCHREIBUNG:

Vom Parkplatz aus führen blaue „Wasserwelt Myrafälle"-Schilder zum Eingang, wo ein geringer Beitrag zur Erhaltung der Steiganlagen zu bezahlen ist. Danach geht es über Holzsteige und Treppen die Wasserfälle querend bergauf. Oben angekommen weiter dem Bach entlang den blauen Schildern bis zum Karnerwirt folgen. Immer wieder trifft man auf kleine Buchten im Bach, die an heißen Tagen zum Spielen im Wasser einladen. Mit kleinen Kindern (außer sie werden mit einer Tragehilfe getragen) beim Karnerwirt umdrehen und am gleichen Weg zurück. Mit größeren, gehfreudigeren Kindern, die bereits über eine gute Trittsicherheit

verfügen, kann man vom Karnerwirt aus den grünen „Wanderwelt"-Schildern folgen. Zunächst geht es bergauf bis ein Wiesensattel erreicht wird. Hier nach links auf den Hausstein abbiegen. Auf dem gleichen Weg zurück zur Kreuzung und nach links weiter. Schließlich wird das obere Ende der Wasserfälle erreicht. Entweder auf der alten Straße oder wieder über die Steiganlage zurück zum Kassahäuschen.

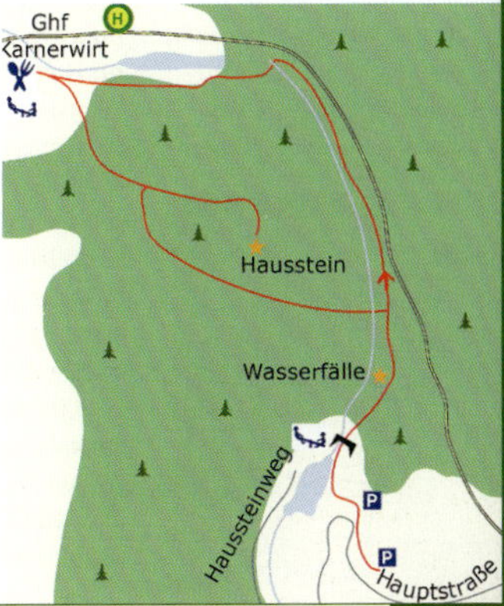

14 Besuch bei der Bromberg-Hexe auf der **Hohe Wand**

3 km
1,5 h

Auf den ersten Blick wirkt die Hohe Wand mit ihren von weitem sichtbaren, steil abfallenden Wänden doch recht bedrohlich. Mit ihren 1000 Metern ist die Hohe Wand daher auch ein Paradies für Kletterer, Paragleiter und für Liebhaber von Klettersteigen. Mit dem Spiel- und Spaßberg wurde allerdings ein Bereich geschaffen, der für Familien optimal und weit genug von den Felsabgründen entfernt ist. Hier befindet sich der Erlebnisweg, dessen Verlauf durch bunte Steine im Wald markiert ist. Außerdem werden in relativ kurzen Abständen verschiedene Stationen erreicht, wie z.B. das Knusperhäuschen der Hexe, ein Metall-Geist oder ein langer Balancierpfad. Neben dieser abwechslungsreichen Wanderung lockt dieser Teil der Hohen Wand außerdem noch mit Tiergehegen, einem Streichelzoo und zwei Spielplätzen.

› **Anforderung:** Der erste Teil führt ausschließlich bergauf. Der kurze Abstand der einzelnen Stationen ist allerdings selbst für sonst gehfaulere Kinder ein guter Anreiz.

› **Dauer:** RW ca. 3 km, 80 Höhenmeter, 1,5 Std.

› **Bestes Wetter:** Schönes Wanderwetter. Auch im Sommer eine nette Wanderung, durch die Höhenlage ist es meistens etwas kühler als in der Stadt.

› **Anfahrt PKW:** Auf der A2 bis Wiener Neustadt West. Nach der Abfahrt links Richtung Weikersdorf abbiegen und weiter nach Winzendorf fahren. Über Gaaden und Stollhof (grüne Hohe Wand-Wegweiser) zur Hohen Wand. Auf der Mautstraße zum Plateau. Oben angekommen links Richtung kleine Kanzel abbiegen. Der Kleinen-Kanzel-Straße folgen bis links der große Parkplatz beim „Spiel- und Spaßberg" auftaucht. (Navi: 2724 Hohe Wand)

› **Parkplatz:** Es gibt einen großen Parkplatz gegenüber dem Alpin- und Heimatmuseum gleich beim Eingang zu den Tiergehegen und zum Spielplatz.

› **Anfahrt öffentlich:** Öffentlich ist der Ausgangspunkt nicht erreichbar.

› **Eignung für Kleinkinder:** Sehr gut geeignet, da der Weg sehr abwechslungsreich ist. Da es im 1. Teil aber viel bergauf geht, ist etwas Kondition erforderlich. Sicherheitshalber eine Trage mitnehmen.

› **Kinderwagen:** Der Erlebnisweg ist nicht kinderwagentauglich. Man kann mit dem Kinderwagen allerdings zu den Tiergehegen gehen. Dazu nach den ersten Tiergehegen und dem Spielplatz nach links abbiegen und immer dem Weg folgen.

› **Kinderfahrrad:** Nein.

☺ ATTRAKTIONEN FÜR KINDER:

• Abwechslungsreicher Weg mit vielen Stationen • Tiergehege. • Spielplatz beim Naturparkhaus • Streichelzoo • Weitere Tiergehege und noch ein Spielplatz auf der anderen Straßenseite beim Alpin- und Heimatmuseum

i INFOS:

Die Straße auf die Hohe Wand ist an Wochenenden und Feiertagen mautpflichtig. Wanderkarten sind in den Gasthäusern und in der Mautstelle erhältlich. • Allgemeine Infos zum Naturpark, Mautstraßen-Preisen etc.: *www.naturpark-hohewand.at.*

WEGBESCHREIBUNG:

Vom Parkplatz aus zum Naturparkhaus. Hier befindet sich der Zugang zu den Wanderwegen. An den Tiergehegen vorbei dem Wegweiser zum Kindererlebnispfad folgen. Das heißt, rechts abbiegen und ein Stück auf der Forststraße, die neben dem Parkplatz verläuft, entlang gehen. Nach kurzer Zeit wird der Eingang zum Erlebnisweg erreicht. Nun immer die bunten Steine suchen, denn diese weisen den Weg. Schon bald gelangt man zur 1. Station, einer Rutsche mitten im Wald. Danach links in den Wald, hinauf zu einer Balancierstrecke, die an der Hexe vorbei führt. Anschließend am Forstweg ein kleines Stück nach rechts bergab und dann in den Weg links hinein. Es folgt als nächste Station ein schwingender Balancierstamm. Kurz davor links abbiegen. Nach kurzer Zeit taucht das

Knusperhäuschen auf. Vor dem Häuschen stehend (Blick zum Häuschen) nach links abbiegen und bei der nächsten Kreuzung nach rechts zu einem Barfußweg und einem Metall-Geist. Nach der folgenden Hängematte führt ein schmaler Weg wieder auf die Forststraße. Auf dieser ein Stück nach rechts bergauf zu einem Rastplatz mit Spielgerät wandern. Danach links abbiegen (Wegweiser: Gehege, Parkplatz) und bergab an Wild- und Steinbockgehegen vorbei. Unten angekommen, nach links fast eben zurück zum Ausgangspunkt.

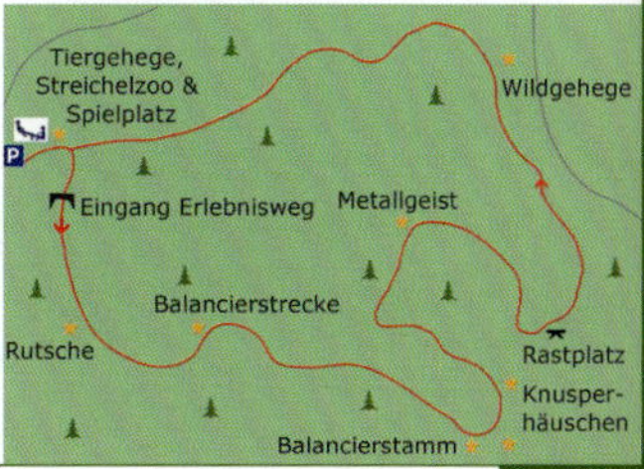

15 Durch die abenteuerliche **Johannesbachklamm**

4,5 km
1,5 h

Die Johannesbachklamm bei Würflach eignet sich hervorragend als „Einsteigerklamm“ für Kleinkinder: Der Weg durch die Klamm ist einfach, kurz und abwechslungsreich. So ist gleich zu Beginn ein Spielplatz, danach geht es ein Stück am Fluss entlang, es gibt ein paar Stiegen und Stege und kurz vor der Hütte wird der Bach so seicht, dass er sich zum Plantschen und Dämme-Bauen eignet. Also auf alle Fälle genügend Zeit zum Spielen einplanen und ausreichend Reservegewand mitnehmen.

› **Anforderung:** Einfache Wanderung bis zur Schutzhütte Johannesbachklamm. Der Rest des Weges ist nur für gehfreudige Kinder mit Ausdauer zu empfehlen, da der Weg dann nicht allzu abwechslungsreich ist.

› **Dauer:** RW: 4,5 km, 140 Höhenmeter, 1,5 Std.

› **Bestes Wetter:** Von Frühling bis Herbst. Im Sommer ist der Weg durch die Klamm angenehm kühl. Der Großteil des Weges verläuft im Schatten (Ausnahme: das Stück durch den Ort).

› **Anfahrt PKW:** A2 bis Wiener Neustadt West. Nach der Abfahrt links abbiegen und immer Richtung Puchberg/Schneeberg. In der Ortschaft Gerasdorf weiter Richtung Würflach und anschließend den grünen Wegweisern zur Johannesbachklamm folgen. (Navi: 2732 Würflach, Klammgasse)

› **Parkplatz:** Am Ende der Zufahrtsstraße zur Klamm sind Parkplätze vorhanden.

› **Anfahrt öffentlich:** Unkomplizierter mit dem Auto; unter der Woche fährt ein Regionalbus vom Bahnhof Wiener Neustadt (Richtung Puchberg am Schneeberg) zum Gemeindeamt Würflach.

› **Eignung für Kleinkinder:** Ja, sehr gut geeignet, wenn man nur die Klamm entlang bis zur Schutzhütte und wieder durch die Klamm retour geht. Viel Zeit zum Schauen und Spielen im Bach, der in der Nähe der Hütte sehr seicht und ruhig wird, einplanen.

› **Kinderwagen:** Nein.

› **Kinderfahrrad:** Nein.

ATTRAKTIONEN FÜR KINDER:

- Stege und Stiegen über den Bach
- Möglichkeiten zum Spielen im Bach
- Spielplatz beim Klamm-Eingang

INFOS:

- Schutzhütte Johannesbachklamm, von Juni bis September außer bei Schlechtwetter täglich ab 10 Uhr geöffnet;
- Jeweils am Wochenende zum Feiertag 8. Dezember findet in der Klamm der Würflacher Adventmarkt statt. • Allgemeine Infos zu Würflach und Details zur Johannesbachklamm: *www.wuerflach.at*

WEGBESCHREIBUNG:

Vom Parkplatz aus am Gasthaus mit dem kleinen Spielplatz vorbei über die Brücke gehen. Anschließend immer dem schönen Weg am Ufer des Baches folgen. Schließlich gelangt man zu den Stufen und Steigen. Am Ende der Klamm befindet sich die Schutzhütte Johannesbachklamm. Wer nicht wieder den Weg zurück durch die Klamm gehen möchte, geht einfach an der Hütte vorbei. Nach einem kurzen Anstieg rechts abbiegen (Wegweiser: Dürnbergstrecke) und dann immer den Wegweisern „Erlebnisweg Johannesbachklamm“ folgen, die teilweise etwas versteckt sind. Schließlich erreicht man die Ortschaft Würflach. Hier der Asphaltstraße ein Stück folgen und dann rechts abbiegen, um zurück zum Ausgangspunkt zu gelangen.

16 Zum Sebastian-Wasserfall und weiter zur **Mamauwiese**

7,5 km
3,5 h

Das 1. Highlight dieser Wanderung ist bereits nach wenigen Minuten erreicht: der 40 Meter hohe Sebastianwasserfall. Und am Sebastianbach gleich unterhalb des Wasserfalls finden nicht nur Kinder großen Gefallen. Denn seine flachen Ufer sind zu einladend, um einfach daran vorbei zu gehen, ohne kurz die Füße hinein gehalten, Steine ins Wasser geworfen oder einen Staudamm gebaut zu haben. Der Sebastianbach wird später nochmals kurz vor der Mamauwiese erreicht und hier eignet er sich ebenfalls optimal zum Spielen und Plantschen.
Nach einem steilen Anstieg und einem längeren Fußmarsch auf der Forststraße wird schließlich der 2. Höhepunkt der Tour erreicht: Die Mamauwiese, eine riesige Alm mit herrlichem Blick auf den Schneeberg.

› **Anforderung:** Der erste Teil der Wanderung führt auf einem Waldweg steil, der zweite Teil dann auf einer Forststraße stetig bergauf. Die Tour ist daher nur für gehfreudige Kinder mit Ausdauer zu empfehlen.
› **Dauer:** Hin und retour: rund 7,5 km, ca. 300 Höhenmeter, 3,5 Std.
› **Bestes Wetter:** Schönes, nicht zu heißes Wanderwetter. Ein Teil der Forststraße liegt in der Sonne. Es ist aber bei wärmeren Temperaturen immer wieder möglich, sich im Bach abzukühlen.
› **Anfahrt PKW:** A2 bis Wiener Neustadt West. Anschließend auf der B26 nach Puchberg am Schneeberg, den Schildern Richtung Losenheim bzw. den grünen Schildern zum Wasserfall folgen. In Sonnleiten beim Hinweisschild zum Wasserfallwirt rechts auf den Parkplatz fahren. (Navi: 2734 Puchberg am Schneeberg, Wasserfallweg)
› **Parkplatz:** Es gibt nur wenige Parkplätze. Daher unbedingt früh genug anreisen, um lange Gehzeiten von weit entfernten Parkplätzen zu vermeiden. Parkverbotsschilder bei den Privathäusern beachten.
› **Anfahrt öffentlich:** Zug nach Wiener Neustadt, umsteigen in den Regionalzug nach Puchberg/Schneeberg. Von hier fährt der Regionalbus nach Losenheim Sesselbahn weg. Bei der Haltestelle Sonnleiten Sebastianwasserfall aussteigen und den Wegweisern zum Wasserfall folgen.
› **Eignung für Kleinkinder:** Die ganze Wanderung ist sicher zu lange und vor allem der erste Teil nach dem Wasserfall durch den Wald für Kleinkinder zu steil. Daher unbedingt eine Trage mitnehmen oder nur die sehr kurze Strecke bis zum Wasserfall gehen und dort dann einen Tag mit Spielen am Bach verbringen.
› **Kinderwagen:** Nein.
› **Kinderfahrrad:** Nein.

ATTRAKTIONEN FÜR KINDER:

• Toller Bach zum Spielen • große Almwiese • Spielplatz beim Wasserfallwirt

INFOS:

• Gathaus Wasserfallwirt: Mo und Di Ruhetag (Juli und August kein Ruhetag).
• Gasthaus Mamauwiese: *www.mamauwiese.at*, Mi Ruhetag.

WEGBESCHREIBUNG:

Vom Parkplatz zuerst die Asphaltstraße bergauf zum Wasserfallwirt gehen. Am Gasthaus links vorbei (Wegweiser: Wasserfall). In Kürze wird so der Sebastianfall erreicht. Um zur Mamauwiese zu gelangen, ein kleines Stück zurück zur Abzweigung gehen und dem Wegweiser zur Mamauwiese folgen. Der Weg führt sofort steil bergauf durch den Wald bis zu einer Forststraße. Auf dieser links abbiegen und gleich danach diese Forststraße (sie ist der Weg ganz links) weitergehen (rot-weiß-rote Markierung). Nun immer der Forststraße und den Wegweisern folgend bis zur Mamauwiese. Am gleichen Weg wieder zurück.

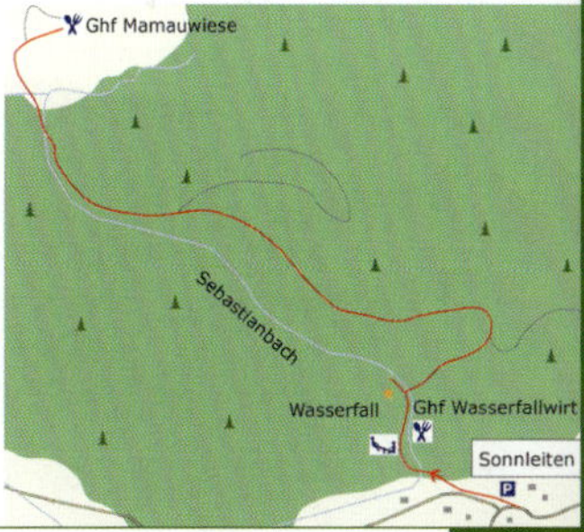

17 Auf den 1888 Meter hohen **Waxriegel**

2,5 km
1,5 h

Der Schneeberg ist perfekt für einen ersten Ausflug in alpines Gelände. Denn mit dem „Salamander“, der Schneeberg-Zahnradbahn, wird mühelos eine Höhe von 1798 Metern erreicht. Oben angekommen ist Abwechslung angesagt: Gleich bei der Endstation wartet ein Spielplatz auf die jungen Wanderer. Dann bietet der 1888 Meter hohe Gipfel des Waxriegels eine wunderschöne Aussicht. Und schließlich wird das Damböckhaus, das zu einer ausgiebigen Rast einlädt, erreicht.
Da der Schneeberg ein sehr beliebtes und touristisch gut erschlossenes Ziel ist, die Karten für die Zahnradbahn unbedingt vorab im Internet buchen.

- **Anforderung:** Leichte, abwechslungsreiche Wanderung auf schönen Wegen. Für den Aufstieg zum Waxriegel selbst ist etwas Ausdauer notwendig.
- **Dauer:** RW: ca. 2,5 km, 90 Höhenmeter, 1,5 Std.
- **Bestes Wetter:** Schönes Bergwetter. Bitte bedenken, dass es in dieser Höhe immer deutlich kühler als in Wien ist und es am Plateau recht windig sein kann.
- **Anfahrt PKW:** Auf der A2 bis zur Ausfahrt Wiener Neustadt West. Weiter auf der B26 den Wegweisern nach Puchberg am Schneeberg folgen. Dort führen dann Wegweiser zu den Parkplätzen. (Navi: 2734 Puchberg, Bahnhofplatz 1, Zahnradbahn Schneeberg)
- **Parkplatz:** Es gibt mehrere Parkplätze, die sehr gut beschildert sind. Von dort den Wegweisern zur Schneebergbahn folgen.
- **Anfahrt öffentlich:** Puchberg am Schneeberg ist von Wien aus mit dem Zug erreichbar (in Wiener Neustadt umsteigen). Am Bahnhof kann dann direkt in den Salamander umgestiegen werden.
- **Eignung für Kleinkinder:** Gut geeignet, dennoch zur Sicherheit eine Trage mitnehmen, denn der Aufstieg vom Spielplatz zum Waxriegel erfordert etwas Durchhaltevermögen.
- **Kinderwagen:** Nicht die ganze Runde. Es ist allerdings möglich, mit dem Kinderwagen von der Bergstation aus auf dem breiten, geschotterten Weg bis zum Damböckhaus und wieder retour zu gehen. Also am Spielplatz nicht den Weg hinauf zum Waxriegel nehmen, sondern vorbei gehen und den Wegweisern Richtung Damböckhaus folgen.
- **Kinderfahrrad:** Nein.

ATTRAKTIONEN FÜR KINDER:

• Spielplatz bei der „Salamander"-Bergstation • kleiner Teich mit Bootsverleih und Spielplatz in Puchberg • Fahrt mit der Schneeberg-Bahn • Gipfelkreuz

INFOS:

• Die Fahrt mit der Schneebergbahn unbedingt vorher im Internet reservieren: *www.schneebergbahn.at*. • Zum Einkehren bietet sich das Damböckhaus (1810 Meter Seehöhe) an, bewirtschaftet von Mai bis Oktober angeglichen an den Fahrplan der Zahnradbahn, kein Ruhetag, bei schönem Wetter ist der Gastgarten geöffnet, *www.damboeckhaus.at*. • Hotel Hochschneeberg, Hotel direkt bei der Bergstation der Zahnradbahn, ohne Ruhetag geöffnet von Mai - Oktober, *www.berghaushochschneeberg.at*. • Allgemeine Infos zur Ortschaft Puchberg: *www.puchberg.at*.

WEGBESCHREIBUNG:

Von der Zahnradbahn-Endstation (Hotel Hochschneeberg) ein kleines Stück zurück zum Kinderspielplatz. Im Spielplatz-Gelände führt ein Weg bergauf. Diesen nehmen bis nach einiger Zeit links hinauf ein Weg zum Gipfelkreuz des Waxriegels führt. Danach wieder bergab bis zurück zum Hauptweg und diesen weiter bis zum Damböckhaus. Von hier aus auf dem breiten, geschotterten Weg zurück zum Bahnhof Hochschneeberg.

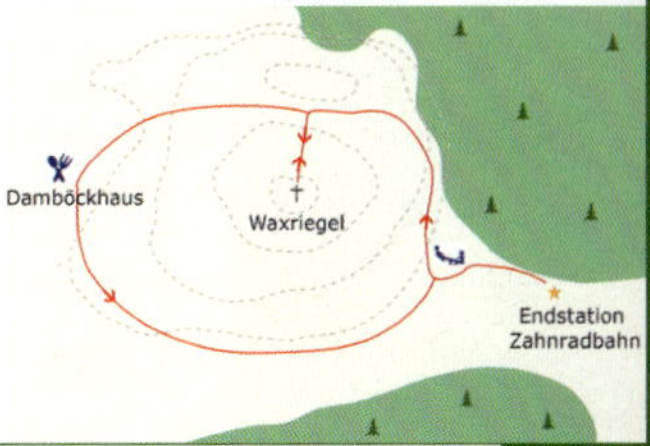

18 Tiere und Höhlen im Naturpark **Schwarzau im Gebirge**

4,5 km
1 h 45 min

Der Naturpark Schwarzau ist mit 17 Hektar der kleinste Naturpark Niederösterreichs und zählt zu den weniger stark frequentierten. Dennoch bietet er genügend Attraktionen für einen netten Ganztages-Ausflug: Streichelzoo, Spielplatz und Tiergehege. Auch die Höhlen sind sehenswert. Allerdings führt der Weg dorthin bergauf über eine Forststraße und ist daher nur für gehfreudige Kinder empfehlenswert.

› **Anforderung:** Der Teil im Naturpark ist abwechslungsreich und einfach zu gehen. Der Weg zu den Höhlen, der auf einer Forststraße stetig bergauf geht, ist nur für etwas ältere Kinder empfehlenswert, denen auch längeres Gehen nichts ausmacht. Der Felsweg zur Herrengrotte ist nur für sehr trittsichere Kinder geeignet.

› **Dauer:** Gesamte Runde inkl. Höhlen: ca. 4,5 km, 200 Höhenmeter, 1 Std. 45 Min.; Runde im Naturpark: 1,3 km.

› **Bestes Wetter:** Nicht zu warmes Wanderwetter, da die Forststraße überwiegend in der Sonne verläuft.

› **Anfahrt PKW:** Auf der A2 bis zum Knoten Seebenstein. Von dort weiter auf der S6 bis nach Gloggnitz. In Gloggnitz abfahren und immer den Wegweisern durchs Höllental nach Schwarzau folgen. In die Ortschaft Schwarzau hinein und dann beim großen, grünen Naturpark-Wegweiser nach rechts abbiegen. In Kürze ist man beim Eingang zum Naturpark. Auf der rechten Seite befindet sich der Parkplatz. (Navi: 2662 Schwarzau im Gebirge)

› **Parkplatz:** Es gibt direkt beim Eingang zum Naturpark Parkplätze.

› **Anfahrt öffentlich:** Der Ausgangspunkt ist in einer vernünftigen Zeit leider nicht öffentlich erreichbar.

› **Eignung für Kleinkinder:** Der erste Teil zum Spielplatz und durch den Wald zu den Wildgehegen ist für Kleinkinder gut geeignet. Der Rest, also der Weg auf der Forststraße zu den Höhlen, ist nicht kleinkindtauglich.

› **Kinderwagen:** Für Geübte mit geländegängigem Kinderwagen möglich. Das kurze Stück von der Besucherterasse beim Gamsgehege zur Forststraße ist schwer. Die Forststraße selbst sollten nur konditionsstarke Eltern in Angriff nehmen.

› **Kinderfahrrad:** Nein.

ATTRAKTIONEN FÜR KINDER:

- Streichelzoo • Kinderspielplatz
- Tiergehege • Höhlen

INFOS:

- *www.schwarzauimgebirge.at*

WEGBESCHREIBUNG:

Vom Parkplatz aus am Kiosk vorbei zum Fischteich. Weiter immer der Schwarza entlang bis zu Streichelzoo und Kinderspielplatz. Kurz vor dem Spielplatz biegt ein Forstweg nach rechts ab. Diesen entlang gehen. Bei der Kreuzung dem Wegweiser Richtung „Quellenweg, Alpengarten, Hirschgehege“ folgen. Danach weiter zum Gamsgehege. Über zwei Stege am Gehege entlang und anschließend auf einem schmalen Waldweg bis zur Forststraße. Hier nach links abbiegen und immer die Forststraße bergauf. Zur Herrengrotte schließlich dem Wegweiser nach links folgen. Der schmale Weg dorthin und die Leitern zur Höhle sind nur für sehr trittsichere Kinder geeignet. Danach wieder zurück zur Forststraße. Schon nach ein paar Metern kann über zwei Leitern das Pfeiferloch erreicht werden. Schließlich die Forststraße weiter bis zur Frauengrotte. Zurück am selben Weg. Bei der Abzweigung wieder in den Naturpark hinein und an der Grillstation vorbei zum Parkplatz.

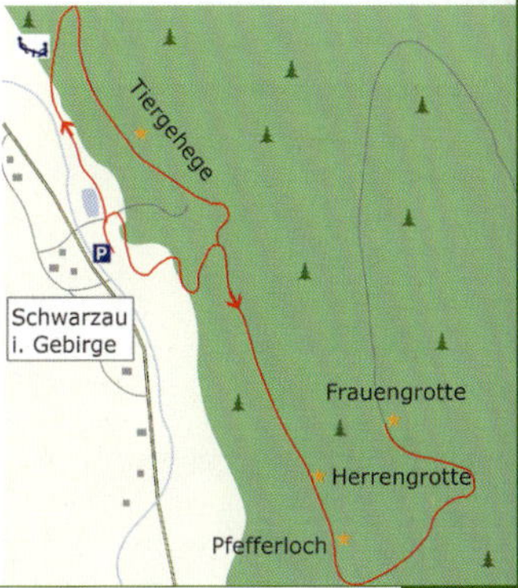

19 Bachquerungen zum Waldspielplatz in **Maria Schnee**

6 km
2 h

Diese Wanderung in der Buckligen Welt ist Erholung pur. Denn der „tut gut"-Weg führt meist durch duftenden Nadelwald und man ist praktisch alleine unterwegs. Für Abenteuer sorgen die Bachquerungen und der originelle Waldspielplatz mit „hängendem" Baumhaus, Hängematten, Sandkiste und Seilen zum Balancieren.
Da der Ausgangspunkt der Wanderung in der Nähe der A2 liegt, kann diese Wanderung auch gut mit einer Reise in den Süden kombiniert werden, wenn unterwegs eine längere Pause eingelegt werden soll.

- **Anforderung:** Zunächst geht es bis zum Bach bergab, der Rückweg dann stetig bergauf. Unterwegs muss der Bach mehrmals gequert werden. Das erfordert etwas Trittsicherheit (sicherheitshalber Ersatzgewand für die Kinder mitnehmen).
- **Dauer:** RW: ca. 6 km, 120 Höhenmeter, 2 Std.
- **Bestes Wetter:** Jedes Wanderwetter; nicht geeignet nach längerem Regen, da der Weg sehr gatschig und rutschig wird bzw. der Bach dann zu viel Wasser führt. Der Großteil der Wanderung verläuft im Schatten.
- **Anfahrt PKW:** Auf der A2 bis zur Abfahrt Grimmenstein. Dort rechts abbiegen Richtung Grimmenstein. Nach kurzer Zeit links Richtung Kaltenberg, Maria Schnee, Lichtenegg abbiegen. Nun geht es bis Kaltenberg-Maria Schnee kurvig bergauf. Im Ort die Hauptstraße bis zum Gasthaus Neumüller entlang. (Navi: 2813 Lichtenegg, Kaltenberg 19)
- **Parkplatz:** Es gibt Parkplätze beim Gasthaus Neumüller. Von hier aus den Weg zur Kirche nehmen.
- **Anfahrt öffentlich:** Eine Anreise mit öffentlichen Verkehrsmitteln ist eher langwierig: Zuerst mit dem Zug nach Wiener Neustadt. Von dort weiter mit dem Regionalbus Nr. 7866 Richtung Lichtenegg bis nach Kaltenberg (Abzweigung). Von der Haltestelle dann in den Ort Kaltenberg mit der weithin sichtbaren Wallfahrtskirche gehen (der Weg verlängert sich dadurch um rund 700 m pro Strecke).
- **Eignung für Kleinkinder:** Der ganze Weg ist sicher zu lange, daher unbedingt eine Trage mitnehmen.
- **Kinderwagen:** Nein.
- **Kinderfahrrad:** Nein.

ATTRAKTIONEN FÜR KINDER:

• Waldspielplatz mit Baumhaus, Hängematten, Seilen zum Balancieren und Sandkiste • Bach zum Spielen, der auch abenteuerlich gequert werden muss

INFOS:

• Gasthaus Neumüller, neben dem Gasthaus befindet sich ein Spielplatz, *www.gasthof-mariaschnee.at*, Ruhetage: Mo, Di. • Gleich zu Beginn der Wanderung befindet sich die Wallfahrtskirche Maria Schnee, die 2004 renoviert wurde.

WEGBESCHREIBUNG:

Vom Parkplatz beim Gasthaus Neumüller zunächst am Spielplatz vorbei auf der Asphaltstraße zur Kirche. Dann prinzipiell immer den „tut gut"-Wegweisern der Route 1 folgen. Dazu gleich nach der Kirche rechts abbiegen und über ein kurzes Wiesenstück in den Wald hinein. Bis zum Bach geht es bergab. Dieser muss danach einige Male gequert werden, bevor der Weg wieder ansteigt. Schließlich wird der Waldspielplatz mit Rastplatz erreicht. Danach weiter auf dem gut beschilderten Weg der Route 1 folgend durch den Wald und über Wiesen zurück zur Kirche. Von hier das kurze Stück auf der Asphaltstraße zum Ausgangspunkt.

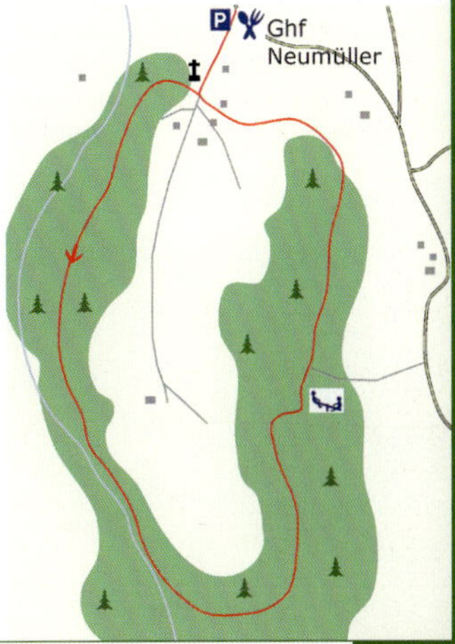

20 Almwiesen am **Hochbärneck**

3 km
1,5 h

Schöne Almwiesen, ein herrlicher Ausblick auf den Ötscher und eine Schutzhütte mit Spielplatz: Hochbärneck im Naturpark Ötscher-Tormäuer ist für Erwachsene und Kinder ein optimales Wanderziel. Die Wege sind schön und einfach und der Spielplatz lädt nach der Wanderung noch zu einem längeren, entspannenden Alm-Aufenthalt ein.

› **Anforderung:** Auf einem schönen, breiten Weg geht es den ersten Teil stetig bergauf, sodass etwas Ausdauer notwendig ist.
› **Dauer:** RW: 3 km, 100 Höhenmeter, 1,5 Std.
› **Bestes Wetter:** Schönes, nicht zu heißes Wanderwetter, da doch deutlich mehr als die Hälfte des Weges in der Sonne verläuft.
› **Anfahrt PKW:** Auf der A1 bis zur Abfahrt Ybbs. Nach der Abfahrt immer auf der B25 weiter Richtung Scheibbs. An Scheibbs vorbei und schließlich links Richtung St. Anton abbiegen. Ein Stück nach der Ortseinfahrt von St. Anton den Wegweisern zum Almhaus Hochbärneck nach rechs folgen. Die Straße, die bald steil und kurvig bergauf geht, rund 8 km bis zum Almhaus entlang fahren. (Navi: 3283 St. Anton, Anger 23)
› **Parkplatz:** Direkt beim Almhaus Hochbärneck gibt es Parkplätze. Aber auch weiter vorne ist eine Möglichkeit zum Stehenbleiben. Der Weg verlängert sich dadurch aber um ca. 1 km je Richtung. In diesem Fall einfach vom Parkplatz aus weiter die Asphaltstraße entlang bis zum Almhaus gehen.
› **Anfahrt öffentlich:** Öffentlich ist das Ziel nicht erreichbar.
› **Eignung für Kleinkinder:** Nur für ausdauernde Geher geeignet. Auf alle Fälle eine Trage mitnehmen.
› **Kinderwagen:** Nein.
› **Kinderfahrrad:** Nein.

ATTRAKTIONEN FÜR KINDER:

• Spielpatz beim Almhaus • Aussichtsturm

INFOS:

• Almhaus Hochbärneck, neben Essen und Getränken sind hier auch die Pläne zu den „tut gut"-Wanderungen erhältlich, ganzjährig geöffnet, Ruhetag: Mo, Tel. 07482/48464, *www.hochbaerneck.com*. Im Winter befindet sich hier ein kleines Schigebiet mit zwei Liften, zwei Langlaufloipen und Schneeschuhverleih. • Allgemeine Informationen und weitere lohnende Ausflugsziele in der Region finden sich unter: *www.naturpark-oetscher.at*.

WEGBESCHREIBUNG:

Vom Parkplatz aus links am Almhaus vorbei und über die Almwiese zum Alpengarten. Hier ist ein kurzer Abstecher nach rechts zum Aussichtsturm empfehlenswert. Ansonsten geradeaus weiter immer den Wegweisern der „tut gut"-Route 1 folgen. Zunächst geht es auf einem breiten Weg durch Wald bergauf. Nach einiger Zeit führt nach links ein Weg zu einem Gipfelkreuz mit Aussicht. Nach dem Abstecher wieder auf den Hauptweg, der bald über eine Alm und dann steil bergab zum Ausgangspunkt führt.

Lauf- und Fahrradtouren

Manche Kinder gehen nicht so gerne längere Strecken, lieben aber dafür ihr Lauf- und später ihr Fahrrad. Daher sind in diesem Buch fünf Radtouren als Alternative zu den Wanderungen beschrieben. Die Strecken wurden so ausgesucht, dass sie praktisch eben und damit auch von Anfängern und Anfängerinnen gut bewältigbar sind. Da die für die Tour benötigte Zeit je nach Alter des Kindes und je nachdem ob Lauf- oder Fahrrad verwendet wird, stark variieren kann, sind anstatt einer Zeitangabe nur die Kilometer angegeben.

Lauf- und Fahrradtouren

21 Von **Niedersulz** zu den **Nexinger Teichen**

5 km

Dieser Radausflug führt auf einem fast ebenen, geschotterten Weg vom kleinen Weinviertler Ort Niedersulz zu den 14 Teichen im Nachbardorf Nexing. Dort angekommen kann man den unzähligen Anglern zuschauen. Baden ist leider nicht erlaubt. Empfehlenswert ist, diese gemütliche Tour mit einem Besuch des Museumsdorfes in Niedersulz zu verbinden, das für Kinder durchaus interessant ist.

- **Anforderung:** Fast ebener Schotterweg.
- **Dauer:** Hin und retour: knapp 5 km, keine nennenswerten Steigungen.
- **Bestes Wetter:** Frühling oder Herbst. Unterwegs gibt es keinen Schatten.
- **Anfahrt PKW:** Auf der A5 bis zur Abfahrt Hochleithen. Weiter Richtung Bad Pirawarth und immer den braunen Wegweisern zum Museumsdorf Niedersulz folgen. In Bad Pirawarth weiter nach Klein-Harras und schließlich bis Niedersulz. Hier nicht zum ersten Museumsdorf-Parkplatz nach links abbiegen, um zum Ausgangspunkt der Radtour zu gelangen, sondern weiter in den Ort hinein fahren. Wenn man ansteht, links abbiegen und bald wieder links, um auf den alten Museumsdorf-Parkplatz zu gelangen. (Navi: 2224 Niedersulz 250)
- **Parkplatz:** Für die Radtour ist es am besten, beim alten Besucherparkplatz des Museumsdorfes zu parken (nicht beim riesigen Besucherzentrum).
- **Anfahrt öffentlich:** Mit dem Linienbus 420 von Floridsdorf bis nach Niedersulz (Haltestelle: Kirche). Hier den braunen Wegweisern zum Museumsdorf folgen (zum unteren Parkplatz gehen, um zum Ausgangspunkt der Radtour zu gelangen, nicht zum großen Besucherzentrum).
- **Eignung für Kleinkinder mit Laufrad:** Wenn das Kind bereits recht sicher mit dem Laufrad unterwegs ist, stellt diese Tour kein Problem dar. Für Anfänger und Anfängerinnen ist sie jedoch nicht optimal, da es ein geschotterter Weg ist.
- **Kinderwagen:** Ja, der Weg ist auch mit einem (geländetauglichen) Kinderwagen befahrbar.

ATTRAKTIONEN FÜR KINDER:

• Teiche (allerdings gilt ein Badeverbot; Die Teiche sind ausschließlich zum Fischen freigegeben.) • Museumsdorf Niedersulz inklusive lebendem Bauernhof und Spielplätzen

INFOS:

• Das Museum ist von Ende April bis Ende Oktober geöffnet. Genaue Informationen zu Öffnungszeiten und den aktuellen Eintrittspreisen unter: *www.museumsdorf.at*. • Bei den Teichen: Gasthof Oase am Teich, kein Ruhetag, Jänner und Februar geschlossen.

WEGBESCHREIBUNG:

Vom unteren (alten) Parkplatz des Museumsdorfes dem gelben Wegweiser zu den „Nexinger Teichen" folgen und diesen Schotterweg am Bach entlang fahren bis die Teiche erreicht werden. Dann am linken Ufer weiter um den 1. Teich. Am Ende des Teichs befindet sich ein Restaurant. Am gleichen Weg wieder zurück.

22 Am Donauradweg von **Langenlebarn** nach **Tulln**

8 km

Der Donauradweg ist ein sehr schöner und beliebter Radweg, der von der Donauquelle bis zum Schwarzen Meer führt. Den Abschnitt von Wien nach Passau radeln jährlich rund 70.000 Menschen – dementsprechend viel los ist an manchen Tagen. Sollte dies der Fall sein, kann man aber auf dem Teilstück von Langenlebarn nach Tulln auf den deutlich weniger befahrenen, parallell verlaufenden Weg unterhalb des Dammes ausweichen. Unbedingt genügend Zeit für das Ziel der Tour einplanen. Die Möglichkeiten in Tulln sind nämlich vielfältig und reichen vom gemütlichen Verweilen und Schiffe schauen an der Donaupromenade über einen ausgedehnten Spielplatz-Besuch bis zu einem anschließenden Abstecher zur „Garten Tulln".

› **Anforderung:** Ebene Strecke auf Asphaltwegen. Der Weg verläuft in Langenlebarn zunächst durch eine Siedlung, danach auf einem autofreien Radweg. In Tulln führt der Weg von der Donaubühne zum Bahnhof durch die Stadt.

› **Dauer:** Langenlebarn Bhf. bis Tulln Bhf: ca. 8 km. Davon sind es von Langenlebarn bis zur Donaubühne rund 6 km und von der Donaubühne zum Bahnhof weitere 2 km. Auf der Strecke gibt es keine nennswerten Steigungen. Mit größeren Kindern, die schon weitere Strecken bewältigen, ist es natürlich möglich, in Tulln umzudrehen und wieder nach Langenlebarn zu radeln.

› **Bestes Wetter:** Frühling oder Herbst, da es unterwegs nur wenig Schatten gibt und nicht so viel los ist, wie im Sommer.

› **Anfahrt PKW:** Besser mit öffentlichen Verkehrsmitteln anreisen, da Ausgangs- und Endpunkt nicht derselbe sind. Wer dennoch nicht aufs Auto verzichten möchte, fährt am besten nach Tulln und folgt hier den Schildern Richtung Schiffsstation bzw. Donaubühne. Dann einfach von der Donaubühne aus den Donauradweg entlang und wieder retour fahren. (Navi: 3430 Tulln, Minoritenplatz)

› **Parkplatz:** Es gibt gut beschilderte, kostenpflichtige Parkplätze in der Nähe der Donaubühne.

› **Anfahrt öffentlich:** Anreise: mit der S 40 von Spittelau oder Franz-Josefs-Bahnhof nach Langenlebarn. Rückfahrt: mit der S40 oder einem Regionalzug von Tulln nach Spittelau bzw. zum Franz-Josefs-Bahnhof.

› **Eignung für Kleinkinder mit Laufrad**: Der ganze Weg ist sicherlich zu lange. Am besten mit dem Zug nach Tulln fahren und von dort zur Donau, um hier ein bisschen am Radweg zu fahren.

› **Kinderwagen:** Ja. Allerdings ist am Donauradweg bei schönem Wetter viel los und es sind recht schnelle Radfahrer unterwegs, sodass Vorsicht geboten ist.

ATTRAKTIONEN FÜR KINDER:

• mehrere Spielplätze • BMX-Bahn bzw. Fahrrad-Übungsplatz mit echter Ampel • Schiffe schauen

INFOS:

• In Tulln angekommen gibt es zahlreiche Cafés und Gasthäuser. Allgemeine Informationen zu Tulln inklusive Gastronomie-Suchmaschine: *www.donau.com*. • Ein Stück weiter der Donau entlang wird das Gelände der Garten Tulln erreicht: *www.diegartentulln.at*.

WEGBESCHREIBUNG:

Vom Bahnhof Langenlebarn die Bahnstraße hinein und durch die Siedlung (nicht zur Kaserne, das wäre die falsche Richtung). Immer geradeaus fahren. Schließlich die Bundesstraße überqueren und weiter geradeaus bis zu einem Spielplatz und zum Damm. Hier gibt es dann zwei Möglichkeiten: Einerseits kann man den Donauradweg auf dem Damm entlang fahren oder aber den Radweg unterhalb des Damms nehmen. Der untere Weg ist vor allem an Tagen empfehlenswert, an denen am Donauradweg viel los ist. Der Weg führt am Aubad vorbei und weiter zu einer BMX- und Fahrradübungs-Strecke. Danach unter der Brücke durch bis zur Donaubühne. Wenn man diesen Weg noch weiter entlang fährt, wird bald wieder ein Spielplatz erreicht.
Um den Bahnhof zu erreichen, am besten gegenüber der Donaubühne in die kleine Gasse (Fischergasse), dann über die Straße und in die Rudolfstraße hinein. Anschließend den Rathausplatz überqueren und weiter in die Bahnhofstraße. Der Bahnhof, der nun bald auftaucht, ist die Station „Tulln Stadt" und von hier fahren vor allem am Wochenende kaum Züge nach Wien. Daher nicht zu diesem Bahnhof, sondern einfach die Bahnhofstraße weiter bis zu einem Kreisverkehr fahren. Hier links halten und nach wie vor die Bahnhofstraße weiter bis zum Bahnhof Tulln radeln.

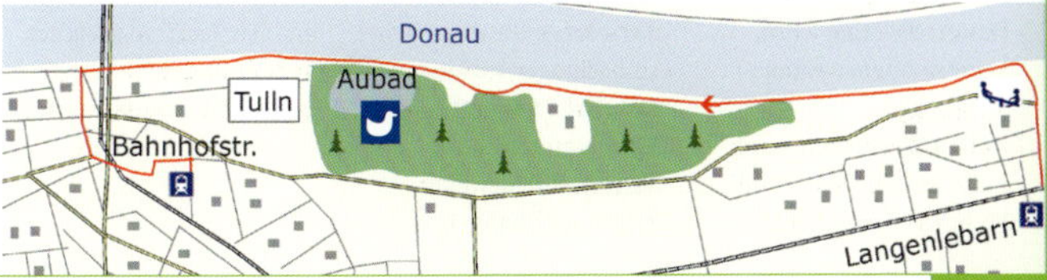

23 Abwechslungsreiche Frühlingstour durch die **Lobau**

8 km

Langeweile kommt auf dieser Radtour im Osten Wiens keine auf. Der Weg verläuft zunächst rund 2,5 km entlang der Neuen Donau, wo Ruderer und Enten ihre Runden auf dem Wasser drehen. Danach geht es weiter durch die dichten Wälder des Nationalparks Donau-Auen. Schließlich wird die idyllische Panozzalacke erreicht – ein herrlicher Platz für ein Picknick. Am Ende der Tour zahlt sich ein Besuch des Spielplatzes beim Nationalparkhaus aus.

- **Anforderung:** Entlang der Neuen Donau ebener Asphalt-, danach ein schöner Waldweg.
- **Dauer:** RW: Fast 8 km, keine nennenswerten Steigungen.
- **Bestes Wetter:** Eine optimale Tour für den Frühling. Nicht zu empfehlen im Sommer, da der erste Teil der Strecke in der prallen Sonne verläuft. Am Weg liegt ein FKK-Strand. Wen das stört, sollte diese Route an Badetagen meiden.
- **Anfahrt PKW:** A22 oder A23 bis zum Knoten Kaisermühlen, weiter Richtung Ölhafen bzw. Lobau. Immer den Nationalpark-Wegweisern folgen. Schließlich links in den Biberhaufenweg einbiegen und bald danach rechts zum Parkplatz des Nationalparkhauses. (Navi: 1220 Wien, Dechantweg 8)
- **Parkplatz:** Direkt beim Nationalparkhaus.
- **Anfahrt öffentlich:** Mit der U1 bis Kaisermühlen oder der S-Bahn bis Lobau. Von dort weiter mit dem 91A Richtung Ölhafen bis Raffineriestraße/Biberhaufenweg. Zum Radweg an der Neuen Donau hinunter und weiter stadtauswärts fahren.
- **Eignung für Kleinkinder mit Laufrad:** Nur für sehr ausdauernde Kleinkinder mit dem Laufrad geeignet.
- **Kinderwagen:** Ja. Die gesamte Strecke ist kinderwagentauglich.

ATTRAKTIONEN FÜR KINDER:

• Mehrere Möglichkeiten am Wasser zu spielen (Panozzalacke) • Spielplatz beim Nationalparkhaus

INFOS:

• Unterwegs befinden sich mehrere Imbissstände bzw. Lokale. Beim Parkplatz des Nationalparkhauses z.B. das Gasthaus Roter Hiasl, *www.roterhiasl.at*. • Das Nationalparkhaus ist von Anfang März bis Ende Oktober geöffnet. Allgemeine Informationen zum Nationalpark Donau-Auen inkl. Programm wie Führungen finden sich unter: *www.donauauen.at*.

WEGBESCHREIBUNG:

Vom Parkplatz aus zurück zur Straße und den Hügel hinauf. Die Raffineriestraße überqueren und zum Radweg bei der Neuen Donau. Diesen rund 2,5 km stadtauswärts fahren. Schließlich fährt man durch eine FKK-Zone. Gleich danach kommt ein großes Gebäude und ein Wehr. Hier links abbiegen (Wegweiser: Euro Velo 6, Panozzalacke, Lobau), die Straße überqueren und in die Lobgrundstraße hinein. Schließlich auf der linken Straßenseite den kleinen Fußweg hinunter zum Parkplatz fahren. Diesen und die Eisenbahnschienen überqueren und ein Stück den Waldweg hinein. Bald rechts Richtung „Napoleons Hauptquartier". An Napoleons Hauptquartier (ein obeliskförmiger Gedenkstein) vorbei und zuerst dem Wegweiser zum „Roten Hiasl", danach jenem Richtung „Biberhaufen" folgen. Schließlich gelangt man zum Naturlehrpfad. Hier nach links abbiegen. Beim nächsten Naturlehrpfad-Wegweiser geradeaus weiter über den Josefsteg und auch danach geradeaus weiter. Schließlich immer den Naturlehrpfad- oder Biberhaufen-Wegweisern nach, um zurück zum Nationalparkhaus zu gelangen.

24 Entlang des **Liesingbaches**

5,4 km

Ein Radausflug entlang des Liesingbaches im 10. Bezirk ist eine optimale Tour für Anfänger: eben und (fast) beliebig verkürzbar. Denn unterwegs ist es immer wieder möglich, in den Bus einzusteigen, der zurück zum Ausgangspunkt fährt. Der Weg verläuft wunderschön am Ufer des Baches und bereits nach kurzer Zeit lädt der Wasserspielplatz an der Liesing zu einem längeren Aufenthalt ein.

- **Anforderung:** Ebener, geschotterter Radweg. Einmal muss eine stärker befahrene Straße überquert werden.
- **Dauer:** Hin und retour: 5,4 km, kein Höhenunterschied.
- **Bestes Wetter:** Jedes Ausflugswetter. Auch an warmen Sommertagen eine nette Tour, da die Strecke relativ kurz ist und am Weg ein Wasserspielplatz liegt.
- **Anfahrt PKW:** Nach Oberlaa. Hier die Laaer-Berg-Straße stadtauswärts bis diese in die Leopoldsdorferstr. übergeht. Bald nach der Kreuzung mit der Oberlaaer Str. links in die Untere Kaistraße einbiegen. (Navi: 1100 Wien, Untere Kaistraße)
- **Parkplatz:** Es gibt Parkplätze in der Unteren Kaistraße am Beginn des Radweges.
- **Anfahrt öffentlich:** Mit der Linie 17A oder 271 bis zur Leopoldsdorferstraße. Weiter siehe Wegbeschreibung.
- **Eignung für Kleinkinder mit Laufrad:** Sehr gut geeignet.
- **Kinderwagen:** Ja, der Weg ist problemlos mit dem Kinderwagen befahrbar. Die Tour ist sehr leicht abkürzbar, da man unterwegs immer wieder zu Stationen des Autobusses 17A gelangt und so jederzeit wieder zurück zum Ausgangspunkt fahren kann.

ATTRAKTIONEN FÜR KINDER:

- Wasserspielplatz an der Liesing mit kleinem Bach und großem Gatschbereich (Reservegewand nicht vergessen).

INFOS:

- In der Nähe der Unterlaaer Straße gibt es einige Wirtshäuser.

WEGBESCHREIBUNG:

Von der Haltestelle Leopoldsdorferstr. des 17A ein Stück die Leopoldsdorferstraße entlang gehen und gleich links in die Untere Kaistraße abbiegen (hier befindet sich auch der Parkplatz für alle, die mit dem Auto anreisen). Nun immer den Weg am Bach entlang. Bei der Johann Friedl-Gasse über die Brücke und auf der anderen Uferseite ein kleines Stück weiter. Bereits wenige Meter nach der Brücke wird der Wasserspielplatz erreicht. Am Wasserspielplatz vorbei und immer dem Weg folgen. Schließlich die Unterlaaer Straße überqueren und den Radweg am rechten Ufer entlang bis zur Endstation des 17A. Nun entweder denselben Weg retour oder mit dem 17A zurück zum Ausgangspunkt fahren.

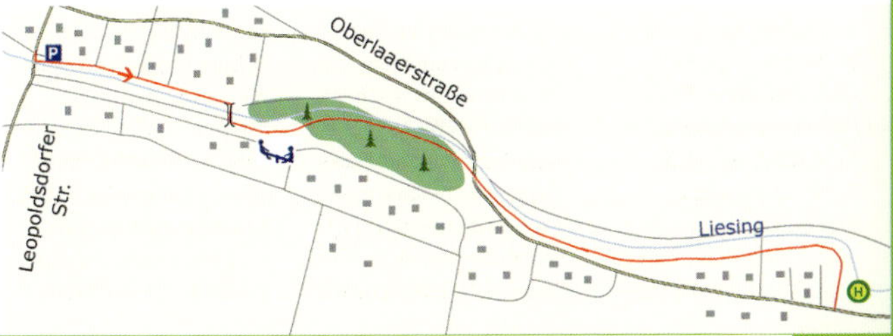

25 Von der **Langen Lacke** zum Tierpark **Pamhagen**

12,5 km

Diese sehr abwechslungsreiche Radtour im Burgenland führt von der Langen Lacke über einen Badesee zum Tierpark Pamhagen. Die Lange Lacke ist Teil des Nationalparks Neusiedlersee-Seewinkel und Heimat vieler Vögel. Nach langen Hitzeperioden ist es allerdings möglich, dass die Lacke ganz austrocknet. Im Tierpark Pamhagen können dann über 50 Tierarten, darunter Wildschweine, Esel, Rehe und Luchse, beobachtet werden.

- **Anforderung:** Ebener Radweg bzw. kleine Asphaltstraße.
- **Dauer:** Hin und retour: rund 12,5 km, kein Höhenunterschied.
- **Bestes Wetter:** Frühling und Herbst. Unterwegs gibt es praktisch keinen Schatten. Für wärmere Tage Badesachen einpacken, da ein Badesee am Weg liegt.
- **Anfahrt PKW:** Auf der A4 bis zur Ausfahrt Gols/ Weiden. Beim Kreisverkehr dann weiter Richtung Podersdorf, Apelton. Durch Podersdorf durch und weiter Richtung Illmitz. In Illmitz der Straße nach links Richtung Apelton folgen. In Apelton wieder nach links Richtung Wallern/Pamhagen. Der Parkplatz zur Langen Lacke taucht dann auf der rechten Seite auf. (Navi: 7132 Apelton, Lange Lacke)
- **Parkplatz:** Es gibt in der Nähe der Langen Lacke einen gut beschilderten Parkplatz.
- **Anfahrt öffentlich:** Der Ausgangspunkt ist in einer vernünftigen Zeit öffentlich leider nicht erreichbar.
- **Eignung für Kleinkinder mit Laufrad**: Der ganze Weg ist fürs Laufrad sicher zu lange. Eine Option wäre, von der Langen Lacke bis zum Badesee beim Feriendorf „Vila Vita“ und wieder retour zu fahren (hin und retour: ca. 5,2 km).
- **Kinderwagen:** Ja, der gesamte Weg ist mit dem Kinderwagen befahrbar.

ATTRAKTIONEN FÜR KINDER:

- Vögel beobachten bei der Langen Lacke • Spielplätze • Tierpark • Badesee

INFOS:

- Allgemeine Informationen zum Nationalpark: *www.nationalpark-neusiedlersee-seewinkel.at.* • Gleich beim Parkplatz befindet sich Gasthaus NP-Stüberl Lange Lacke: *www.nationalparkstueberl.at.* • Unterwegs durchquert man das Feriendorf „Vila Vita Pannonia“. Hier gibt es Restaurants und Spielplätze. Der Badesee am Ende der Anlage kann auch von Nicht-Gästen (es ist Eintritt zu bezahlen) besucht werden: *www.storch.at.*
- Tierpark Pamhagen: Infos zu Tierarten, Öffnungszeiten und Eintrittspreisen unter *www.steppentierpark.at.*

WEGBESCHREIBUNG:

Vom Parkplatz aus auf dem Radweg ein kleines Stück weiter in Fahrtrichtung radeln. Danach sehr bald die Bundesstraße überqueren, wenn man einen kleinen Abstecher zur Langen Lacke machen will. Von der Langen Lacke am gleichen Weg wieder retour, nochmals die Bundesstraße überqueren und nach links am Radweg weiterfahren. Anschließend immer den Weg bis zur Einfahrt in das Feriendorf „Vila Vita Pannonia“ entlang. Durch die Anlage und dabei immer den Wegweisern „Radweg B27 Lange Lacke“ folgen (also bei der Rezeption vorbei und beim Parkplatz dann Richtung Badesee). Beim Badesee leicht links halten und die Feriendorf-Anlage verlassen. Nach dem Ausgang nach rechts (Vorsicht: Hier fahren manchmal Autos bzw. Traktoren!). Beim Wegweiser dann nach links Richtung Tierpark abbiegen und etwas später nochmals nach links, um zum Eingang des Tierparks zu gelangen. Am gleichen Weg wieder zurück.

Naturbadeplätze

Was gibt es Schöneres als heiße Sommertage an kühlem, erfrischendem Wasser zu verbringen. Wer dabei den überfüllten Schwimmbädern und chlorierten Becken entkommen will, ist an einem der Naturbadeplätze genau richtig. Die große Einsamkeit darf man sich zwar vor allem bei den wiennahen Zielen am Wochenende nicht erwarten. Aber dennoch bieten oft kleine Buchten nette Rückzugsmöglichkeiten oder es findet sich ein idyllisches Plätzchen ein paar Minuten entfernt von den beschriebenen Plätzen.

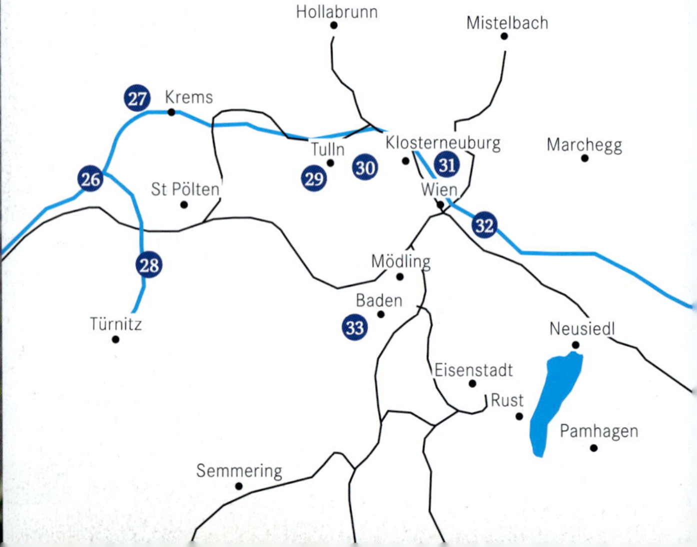

26 Am Donausee bei **Emmersdorf**

Sandstrand oder doch lieber Liegewiese? In der kleinen Gemeinde Emmersdorf in der Wachau ist beides möglich. Zum einen befindet sich in Emmersdorf der längste Natursandstrand an der Donau, zum anderen laden zwei wunderschöne Badeplätze am Donausee, der im Zuge des Baus des Kraftwerks Melk entstanden ist, zum Verweilen am Wasser ein. Für kleine Kinder sind wahrscheinlich die Badeplätze am Donausee besser geeignet, da hier das Ufer flacher, das Wasser durch die vorgelagerte Insel recht ruhig ist und Schattenplätze vorhanden sind. Der Sandstrand hingegen liegt direkt an der Donau. Der Strand eignet sich daher weniger zum Schwimmen, als zum Sandburg Bauen und Schiffe Schauen.

› **Öffentliche Anfahrt:** Eine Anreise mit öffentlichen Verkehrsmitteln ist in einer vernünftigen Zeit leider nicht möglich.

› **Anfahrt mit PKW:** Auf der A1 bis zur Abfahrt Melk. Danach rechts Richtung Donaubrücke abbiegen. Nun immer den Wegweisern bis über die Donaubrücke folgen. Gleich nach der Brücke rechts nach Emmersdorf abbiegen. Durch den Ort durch. Kurz vor dem Schloss Luberegg befindet sich auf der linken Seite der Natursandstrand (1). Man kann hier entlang des Treppelwegs parken. Oder man fährt ein kleines Stück weiter in Luberegg links zur Freizeitanlage Luberegg (2), um zu einer schönen Liegewiese beim Donausee zu kommen. Die 3. Möglichkeit ist, noch etwas weiter bis zur Ruine Weitenegg (3) zu fahren. Hier befindet sich links ebenfalls ein Parkplatz mit sehr schönem Zugang zum Donausee. (Navi: 3644 Emmersdorf, Luberegg)

› **Ausgangspunkt/P:** Die Parkplätze befinden sich direkt bei den Liegewiesen. Bzw. wenn man zum Sandstrand will: Der Weg ist ziemlich versteckt und führt vom Treppelweg aus durchs Gebüsch hinunter zur Donau.

› **Eintritt:** Nein.

SONSTIGE AKTIVITÄTEN:

Je nachdem, welchen Platz man wählt:

• Bei der Freizeitanlage Luberegg: Skaterplatz, Beachvolleyball-Platz, Imbiss.

• Badeplatz bei der Ruine Weitenegg: Spielplatz, Bootsverleih, Beachvolleyball-Platz.

INFOS:

• Auch für alle, die Lust auf Kultur haben, bietet die Umgebung von Emmersdorf einiges: wie z.B. Stift Melk, das man von den Badeplätzen aus sieht (*www.stiftmelk.at*) oder die Ausstellungen im Renaissanceschloss Schallaburg (*www.schallaburg.at*). • Allgemeine Informationen zum Ort: *www.emmersdorf.at*.

27 Zweimal baden in **Dürnstein**

Gleich zwei Möglichkeiten, um erholsame und erfrischende Sommertage am Wasser zu verbringen, bietet die malerische Ortschaft Dürnstein in der Wachau: Zum einen lockt ein kleiner Sandstrand zum Plantschen an der Donau und zum anderen das Freibad mit selbstregenerierendem Schwimmteich.

1. Die Sandstrand-Bucht an der Donau

Kurz vor Dürnstein befindet sich eine wunderschöne Bucht mit Sandstrand. Der Bucht vorgelagert ist eine kleine Insel, wodurch das Wasser hier deutlich ruhiger als direkt an der Donau ist. Zuvor allerdings immer über den aktuellen Wasserstand informieren, da selbst an warmen Tagen, wenn in der Nacht davor Unwetter mit heftigen Regenschauern niedergegangen sind, der Wasserstand der Donau zu hoch sein kann, um Kleinkinder unbedenklich plantschen zu lassen.

› **Öffentliche Anfahrt:** Mit dem Zug von Heiligenstadt nach Krems an der Donau. Nun weiter mit dem Regionalbus WL1 Richtung Melk (Achtung: fährt nur einmal pro Stunde, daher Anreise genau planen) bis zur Station „Dürnstein Heudürr". Anschließend einfach der Straße zur Donau folgen und die Donau Bundesstraße bei der Ampel überqueren, um zum Badeplatz zu kommen.

› **Anfahrt mit PKW:** Auf der A22 bis zum Knoten Stockerau. Hier immer weiter bis nach Krems. In Krems selbst dann den grünen Wegweisern Richtung Wachau folgen. In Oberloiben (das ist kurz vor Dürnstein und man sieht bereits die Ruine) bei der Ampel nach links auf den Parkplatz bei der Bucht abbiegen. (Navi: 3601 Dürnstein, Oberloiben)

› **Ausgangspunkt/P:** Bei der Bucht gibt es Parkplätze.

› **Eintritt:** Nein.

€

2. Das Kuenringer Freibad

Das Kuenringer Freibad wurde vor wenigen Jahren zum ersten voll biologischen Schwimmbad Niederösterreichs umgebaut. Die selbstregenerierenden Schwimmteiche – sowohl ein großer Schwimm- als auch ein kleiner Kinderbereich sind vorhanden – kommen seither ganz ohne Chlor aus. Ein weiteres Plus: Auf der Liegewiese stehen viele Schattenplätze zur Verfügung.

› **Öffentliche Anfahrt:** Mit dem Zug von Wien Heiligenstadt nach Krems. Dort weiter mit dem Bus WL1 bis zum Parkplatz Ost in Dürnstein. Von dort Richtung Donau und an dieser nach links gehen (Wegweiser Parkplatz P1) zur Schiffsanlegestelle. Dort befindet sich auch das Freibad.

› **Anfahrt mit PKW:** Auf der A22 bis zum Knoten Stockerau. Danach immer weiter nach Krems. Danach den grünen Wegweisern in die Wachau folgen. Nach links auf den Parkplatz Nr. 1 abbiegen. (Navi: 3601 Dürnstein 25)

› **Ausgangspunkt/P:** Ein kostenpflichtiger Parkplatz (P1) befindet sich gleich beim Eingang zum Freibad. Bei der Kassa erhält man gratis Auslasstickets für den Parkplatz P1.

› **Eintritt:** Ja. Aktuelle Preise auf der Homepage.

SONSTIGE AKTIVITÄTEN:

Je nachdem, welchen Platz man wählt:
• Bei der Sandstrand-Bucht befindet sich ein Kanu-Verleih, der Kanutouren anbietet. Größere Kinder und Erwachsene können hier auch einmal SUP (Stand Up Paddle Surf) ausprobieren. Infos unter: *www.kanu-wachau.at*
• Im Kuenringer Freibad gibt es eine Sandkiste. • Beachvolleyball-Platz • den Schiffen auf der Donau zuschauen

INFOS:

Das Bad hat im Sommer bei Schönwetter täglich von 9 bis 19 Uhr geöffnet. Informationen zum Bad und die aktuellen Eintrittspreise finden sich unter: *www.duernstein.at/sites/ueber_bad.php* bzw. unter *www.duernstein.at/kuenringerbad*.
Im Bad befindet sich auch ein Restaurant.

28 Baden im **Pielachtal**

€

Zwei Möglichkeiten zum Abkühlen – nämlich ein Flussbad an der Pielach und einen Badesee – bietet der kleine Ort Hofstetten-Grünau rund 15 km von St. Pölten entfernt.

1. Badesee: Pielachtaler Sehnsucht

Die „Pielachtaler Sehnsucht" ist ein künstlich angelegter Badesee, der sämtliche Vorlieben berücksichtigt. Liebhaber des Sandburgbauens werden den Sandstrand aufsuchen. Alle jene, die hingegen mit dem fein verteilten Sand auf Kriegsfuß stehen, werden es sich in der Nähe des Schotterstrandes gemütlich machen. Kinder können sich bei der Wasserrutsche und den Wassertrampolinen austoben, während sich Ruhesuchende in den Ruhebuchten erholen. Außerdem sehr angenehm: Auch an heißen Wochenenden ist hier normalerweise eher wenig los.

› **Öffentliche Anfahrt**: Dieser Ausgangspunkt ist öffentlich in einer vernünftigen Zeit nicht erreichbar.

› **Anfahrt mit PKW:** Auf der A1 bis zur Abfahrt St. Pölten. Danach weiter Richtung Mariazell/Lilienfeld. Kurz darauf Richtung Obergrafendorf bzw. Pielachtal (grüner Wegweiser) rechts abbiegen. Bei Obergrafendorf nicht ins Zentrum, sondern weiter auf der Hauptstraße Richtung Kirchberg bleiben bis Hofstetten-Grünau. Durch den Ort durch und auf der Hauptstraße weiter bis schließlich zwei Wegweiser (Abenteuerland und Pielachtaler Sehnsucht) erreicht werden. Hier links zum Parkplatz abbiegen. (Navi: 3202 Hofstetten Grünau, Mariazeller Str. 23)

› **Ausgangspunkt/P:** Parkplatz direkt beim Badesee vorhanden.

› **Eintritt:** Ja.

2. Flussbad an der Pielach

Das Flussbad an der Pielach beim Pielachpark ist eine nette Ergänzung zum Badesee. Die Anreise nur wegen dieses Bades auf sich zu nehmen, zahlt sich hingegen nicht aus. Neben dem Badeplatz befindet sich ein kleiner Spielplatz und gleich in der Nähe auch der Pielachpark.

› **Öffentliche Anfahrt:** Mit dem Zug nach St. Pölten. Von dort weiter mit dem Regionalzug bis nach Hofstetten-Grünau. Vom Bahnhof zum Hauptplatz gehen und dort in die Kabatsbergerstraße einbiegen und bis zur Brücke gehen (Wegweisern zum Pielachpark folgen). Dort befindet sich das Flussbad.

› **Anfahrt mit PKW:** Siehe Pielachtaler Sehnsucht bis zur Ortseinfahrt Hofstetten-Grünau. Dann allerdings mitten im Ort den grünen Wegweisern zum „Freizeitpark Pielachpark“ folgen und nach links abbiegen. Am besten hier einen Parkplatz suchen und zu Fuß die Straße ein kleines Stück weiter und über die Pielachbrücke gehen. Der Badeplatz befindet sich gleich rechts nach der Brücke. (Navi: 3202 Hofstätten-Grünau, Färbergasse)

› **Eintritt:** Nein.

SONSTIGE AKTIVITÄTEN:

Je nachdem, welchen Platz man wählt:
- Beim Badessee gibt es einen Spielplatz.
- Beachvolleyball-Platz • Restaurant: *www.pielachtaler-sehnsucht.at.*
- Beim Flussbad gibt es einen Spielplatz.
- Im Pielachpark: Beachvolleyball-Platz, Skaterpark, Minigolf.

INFOS:

- Gleich neben dem Badesee befindet sich das „Abenteuerland Pielachtal“, wo man sich mit einer Schatzkarte auf Schatzsuche begeben kann. Das Abenteuerland ist eher für größere Kinder geeignet und sollte nicht an sehr heißen Tagen besucht werden, da praktisch kein Schatten vorhanden ist. *www.abenteuerland-pielachtal.at.*

29 Das Tullner **Aubad**

€

Eingebettet in eine idyllische Umgebung liegt der rund 50.000 m² große Badesee zwischen Tullner Au und Donau. Der See bietet sowohl für Ruhesuchende, als auch für Unternehmungslustige etwas: Denn während an einem Ufer des Sees Action pur angesagt ist, gibt es am gegenüberliegenden Ufer „nur“ Bäume und Wiesen.
Für Kinder ist der See ein Paradies: So wurde ein Sandstrand im seichten Wasser angelegt. Die Größeren können sich bei den zwei Wasserrutschen austoben. Weiters gibt es einen sehr netten Wasserspielbereich.

- **Öffentliche Anfahrt:** Von Spittelau mit dem Zug nach Tulln. Von dort weiter mit dem Bus bis zur Haltestelle „Bundesschulzentrum“ und der Donaulände bis zum Aubad folgen (ca. 500 Meter).
- **Anfahrt mit PKW:** Auf der A22 bis zum Knoten Stockerau. Anschließend weiter auf der S5 Richtung Tulln bis zur Abfahrt Tulln. Nun den Wegweisern nach Tulln über die Donaubrücke folgen. Beim Kreisverkehr gleich danach links Richtung Langenlebarn in die Langenlebarnerstr. einbiegen. Diese immer entlang und bei den Schildern zum Parkplatz Aubad links abbiegen (gegenüber befindet sich ein riesiger Komplex der NÖ Landesfeuerwehrschule). (Navi: 3430 Tulln, Langenlebarner Straße 106 (die Einfahrt zum Parkplatz ist gegenüber)).
- **Ausgangspunkt/P:** Es gibt Parkplätze beim Aubad. Um zum Bad zu gelangen, dem Waldweg, der sich von der Straße auf den Parkplatz schauend ganz links hinten befindet, folgen.
- **Eintritt:** Ja bei Schönwetter von Mai bis September. Ansonsten freier Eintritt.

SONSTIGE AKTIVITÄTEN:

• mehrere Spielplätze • Beachvolleyballplätze • Grillplätze (eine schriftliche Genehmigung der Stadt Tulln ist notwendig; diese ist beim Bürgerservice oder an der Hallenbadkassa erhältlich). • Fußballplatz • Bootsverleih

INFOS:

• Das Aubad ist ganzjährig zugänglich. Von Mai bis September muss allerdings Eintritt bezahlt werden.
• Aktuelle Eintrittspreise und allgemeine Informationen zum Aubad unter: *www.tulln.at* (unter Freizeit und Sport). • Im Aubad gibt es ein Buffet.

30 Der Donaualtarm in **Greifenstein**

Eine große Wiese und ein flaches Ufer machen den Donaualtarm bei Greifenstein zu einem perfekten Wasserspielplatz für kleine Kinder. Ein weiteres Plus ist die sehr gute Erreichbarkeit mit öffentlichen Verkehrsmitteln, da sich die Wiese in unmittelbarer Nähe des Bahnhofs befindet. Und sollte sie einmal zu stark frequentiert sein, folgt man am besten dem Weg um den Altarm. Denn hier befinden sich unterwegs noch etliche kleine Buchten, von denen sich einige ebenfalls hervorragend zum Plantschen eignen.

› **Öffentliche Anfahrt:** Mit der S40 von Spittelau oder Heiligenstadt bis Greifenstein-Altenberg. Unter der Unterführung durch gehen und den Parkplatz überqueren. Gleich danach kommt auf der rechten Seite ein Tor (mit Hundeverbotsschild), das zur Liegewiese führt.

› **Anfahrt mit PKW:** Nach Klosterneuburg. Dort weiter Richtung Kritzendorf und weiter immer dieser Straße folgend bis nach Greifenstein. Etwa 100m vor dem Bahnhof rechts abbiegen und auf der anderen Seite der Schienen bis zum Parkplatz beim Bahnhof fahren. (Navi: 3422 Greifenstein, Bahnhof Greifenstein)

› **Ausgangspunkt/P:** Der Platz ist öffentlich sehr gut zu erreichen. Wer dennoch mit dem Auto kommen will: Es gibt einen Parkplatz beim Bahnhof. Um dorthin zu gelangen, bereits ein Stück vor dem Bahnhof rechts abbiegen und dann bis zum Bahnhof fahren. Wer die Abzweigung versäumt: Es gibt auch gegenüber des Bahnhofs ein paar Parkplätze. Dann muss allerdings die Straße überquert werden. Danach die Unterführung nehmen und über den Parkplatz gehen, um zum Tor der Liegeweise zu gelangen.

☺ SONSTIGE AKTIVITÄTEN:

- Wer gerne spazieren geht, kann eine Runde um den Altarm wandern (etwas mehr als 5 km). Wer lieber mit dem Schiff fährt, kann sich ein Boot bei der „Alten Hafenschenke“ (s.u.) ausborgen.

i INFOS:

Gleich neben der Wiese befindet sich die „Alte Hafenschenke“ inkl. Bootsvermietung, Spielplatz und Trampolinen (von April bis September geöffnet).

31 Seeschlacht in **Langenzersdorf**

Gleich hinter der Wiener Stadtgrenze, in Langenzersdorf, liegt das Erholungsgebiet Seeschlacht. Der ehemalige Schotterteich, der sich hier befindet, ist seit 2003 als Badegewässer zugelassen. Relativ seicht und somit optimal für kleine Kinder ist das Wasser bei den Schotterbänken in der Nähe des Spielplatzes gleich beim Eingang. Um in aller Ruhe Pritscheln und Schwimmen zu können, sollte man allerdings bereits recht früh oder unter der Woche kommen.

› **Anfahrt mit PKW:**
Auf der Prager Str. stadtauswärts nach Langenzersdorf. Auf der Hauptstraße geradeaus weiter bis zum Hauptplatz. Hier nach links in die Klosterneuburger Str. abbiegen. Nach der Unterführung die 5. Straße (Alleestraße) links hinein und immer geradeaus bis zum Parkplatz des Erholungsgebiets Seeschlacht (der Weg ist beschildert). (Navi: 2103 Langenzersdorf, Alleestraße).

› **Ausgangspunkt/P:**
Parkplatz beim Erholungsgebiet Seeschlacht.

› **Öffentliche Anfahrt:**
Mit der S5 vom Handelskai nach Langenzersdorf. Von dort mit dem Bus 236 bis zur Station Seeschlacht.

SONSTIGE AKTIVITÄTEN:
- Spielplatz. • Fußballplatz,
- Beachvolleyball-Platz.

INFOS:
- Ab 16 Jahren muss von 1. Mai bis 15. September Eintritt bezahlt werden (aktuelle Preise erfährt man bei der Marktgemeinde Langenzersdorf, Tel: 02244/2308). • Am Gelände gibt es ein Restaurant. • Hunde sind verboten.

32 Panozzalacke in der **Lobau**

Am Rande des Nationalparks Lobau liegt die zum Baden freigegebene Panozzalacke. Der kleine Schotterstrand ist perfekt zum Plantschen für Kinder, die große Wiese in der Nähe der Lacke optimal zum Toben und Ballspielen. Die Lacke liegt rund 10 Gehminuten vom Parkplatz entfernt. Es ist auch möglich, die Strecke mit dem Rad zu fahren.

› **Öffentliche Anfahrt:** Mit dem Bus 91A z.B. vom Reumannplatz oder der S-Bahnstation Lobau bis zur Station Lobgrundstraße. Anschließend die Lobgrundstraße entlang gehen. Nach der Brücke links dem Wegweiser zum Nationalpark-Parkplatz folgen. Weiterer Weg: siehe Wegbeschreibung unten.

› **Anfahrt mit PKW:** Am Kaisermühlendamm, der dann in die Raffineriestraße übergeht, den Wegweisern zum Nationalpark und Ölhafen folgen. Immer geradeaus und nicht zum Nationalparkhaus abbiegen, sondern weiter geradeaus fahren. Schließlich am Ende der Straße in die Lobgrundstraße links einbiegen. Gleich nach der Brücke wieder links zum Nationalpark-Parkplatz. (Navi: 1220 Wien, Lobgrundstraße)

› **Ausgangspunkt/P:** Am Nationalpark-Parkplatz parken.

› **Eintritt:** Nein.

SONSTIGE AKTIVITÄTEN:

• Wer Lust hat, kann das Fahrrad mitnehmen und eine Radtour durch den Nationalpark Lobau unternehmen (siehe Kapitel Nr. 23).

INFOS:

Allgemeine Informationen zum Nationalpark Donau-Auen: *www.donauauen.at*

WEGBESCHREIBUNG:

Vom Nationalpark-Parkplatz aus die Schienen überqueren und den Forstweg hinein. Bei der Kurve, die gleich danach folgt, zuerst nach rechts und bei den Wegweisern dann Richtung „Napoleonstein" gehen. Am Napoleonstein vorbei und immer weiter bis zur Panozzalacke (rund 500 Meter).

33 An der Schwechat im **Helenental**

Nicht nur einen, sondern gleich mehrere schöne Badeplätze gibt es an der Schwechat im Helenental bei Baden. Der hier beschriebene Platz ist von der Straße aus leicht erreichbar und ein breiter Streifen mit großen Steinen bietet für kleine Kinder ideale Spielmöglichkeiten. Wen allerdings der Verkehrslärm stört, der kann beim Gasthaus Cholerakapelle einfach den Wanderweg „Wegerl im Helenental" nehmen, Ausschau nach einem netten Plätzchen halten – und wird sicher bald fündig werden. Es ist auch möglich von der Schotterbank aus ein Stück flussaufwärts zu gehen und den Fluss zu überqueren, um auf den Weg zu gelangen.

› **Öffentliche Anfahrt:** Mit dem Zug von Wien nach Baden. Vom Badener Bahnhof fährt ein Bus ins Helenental. Bis zur Haltestelle Cholarakapelle fahren und dann am Wanderweg flussabwärts zu den Schotterbänken wandern (etwas mehr als 1 km pro Weg).

› **Anfahrt mit PKW:** A2 bis zur Ausfahrt Baden. Gleich danach links abbiegen und immer den grünen Wegweisern ins Helenental folgen. Die Helenenstraße entlang und immer weiter ins Helenental hinein fahren bis zum Schild „Herzlich Willkommen in Heiligenkreuz". Bald danach sind auf der linken und rechten Straßenseite Möglichkeiten zum Parken. Diese Parkplätze nehmen. Wenn man zu weit fährt, erreicht man das Gasthaus zur Cholerakapelle. Es ist auch möglich, von diesem Parkplatz aus den Wanderweg bis zu den Schotterbänken zu gehen (ca. 1 km). (Navi: 2500 Baden, Helenental 40)

› **Ausgangspunkt/P:** Auf einem der Parkmöglichkeiten links oder rechts der Straße parken. Denn hier gibt es gleich eine nette Schotterbank an der Schwechat. Einzig der Lärm von der Straße stört hier die Idylle etwas. Ein Stück weiter flussabwärts befinden sich aber ebenfalls sehr nette Plätze zum Pritscheln und Plantschen. Weg vom Parkplatz des Gasthauses Cholerakapelle: über die Brücke und danach links auf den Weg.

☺ SONSTIGE AKTIVITÄTEN:

• Wer Lust auf einen Spaziergang hat, kann das „Wegerl im Helenental" ein Stück entlang gehen. Der Wanderweg führt direkt entlang der Schwechat und befindet sich auf der anderen Flussseite von der Schotterbank aus gesehen. Am besten überquert man die Schwechat, indem man ein Stück flussaufwärts geht. Dort gibt es eine Stelle, an der der Fluss (bei normalem Wasserstand) recht seicht ist.

Winterziele – Rodeln, Eislaufen

Toben im Schnee, mit dem Schlitten die Hänge hinunter sausen und anschließend zu Hause bei Tee wieder aufwärmen: ein perfekter Winternachmittag für Kinder und Eltern. In diesem Kapitel sind einige Rodelgebiete außerhalb Wiens beschrieben. Doch, wenn dann der erste Schnee in der Stadt fällt, ist es nicht unbedingt notwendig, zum Rodeln weit weg zu fahren. Denn auch in Wien gibt es einige Rodelmöglichkeiten. Die Hügel sind zwar meist nicht besonders hoch und die Strecken daher eher kurz, aber gerade für kleinere Kinder sind diese Ziele für einen Nachmittag im Schnee komplett ausreichend. Aktuelle Informationen, ob die Schneelage zum Schlittenfahren geeignet ist, können bei den Wiener Statdgärten (Tel.: 01-4000-97200) eingeholt werden. Die Hügel im Prater und im Donaupark werden ab Temperaturen von -2° sogar beschneit. Abgesehen von den Vorschlägen auf den nächsten Seiten, kann auch bei folgenden Zielen gerodelt werden: Türkenschanzpark → Kapitel 40, Schwarzenbergpark → 41, Naturrodelbahn im Ottakringer Wald → 42, Maurer Wald → 08, etwas außerhalb, aber sehr nett: Perchtoldsdorfer Heide → 09

Winterziele – Rodeln und Eislaufen

34 Rasante Rodelabfahrt in der Nähe von **Hollabrunn**

Auf der Suche nach einem netten Rodelhügel kommt einem die Gegend rund um Hollabrunn sicher nicht als erste in den Sinn. Und tatsächlich ist das Skigebiet Fahndorfer Berg sehr untypisch für ein österreichisches Skigebiet, da es aus nur zwei parallel laufenden Liften und einer rund 400 Meter langen Abfahrt besteht. Allerdings kommen hier die Rodler nicht zu kurz: Ein Teil der Piste ist für Schlitten- und Bobfahrer freigegeben. Bei zu wenig Schnee wird der Hügel außerdem beschneit.

- **Anfahrt PKW:** Auf der A22 nach Stockerau Nord. Dann weiter nach Hollabrunn bis zur Abfahrt Hollabrunn-Mitte. Anschließend immer den Wegweisern nach Oberfellabrunn folgen. Etwa 2 km nach Oberfellabrunn wird eine Anhöhe erreicht. Hier dem Wegweiser nach links zum Skilift folgen. (Navi: 2020 Oberfellabrunn)
- **Parkplatz:** Es gibt einen Parkplatz direkt bei der Piste.
- **Anfahrt öffentlich:** Es fahren leider keine öffentlichen Verkehrsmittel zu diesem Winterziel.
- **Eignung für Kleinkinder:** Die Piste ist relativ steil. Daher ist es empfehlenswert, dass ein Erwachsener gemeinsam mit dem Kleinkind rodelt.

INFOS/ EINKEHRMÖGLICHKEIT:
Sämtliche Informationen wie Schnee- und Wetterbericht sowie Öffnungzeiten des Liftes finden sich unter: *www.skiclub-hollabrunn.at*, telefonische Auskunft unter: 0664/ 779372690. Der Skiclub Hollabrunn betreibt gleich bei der Piste eine Hütte mit rund 100 Sitzplätzen.

BESCHREIBUNG:
Der Rodelberg befindet sich gleich neben der Skipiste. Die Abfahrt ist recht steil und daher schnell.

35 Rodeln am **Semmeringer Zauberberg**

Wenn der Schnee in Wien wieder einmal zu lange auf sich warten lässt, ist der Zauberberg eine gute Möglichkeit, um dennoch die Rodel hervor zu holen und einen netten Schlittentag zu verbringen. Einsame Rodelabfahrten wird man hier zwar vergeblich suchen, aber dafür liegt aufgrund der höheren Lage (ca. 1000 Meter) meistens ausreichend Schnee. Die Panhanswiese, auf der sich die Rodelpiste befindet, ist außerdem für Kinder geeignet, die erste Ski-Erfahrungen sammeln wollen.

› **Anfahrt PKW:** Auf der A2 bis zum Knoten Seebenstein. Weiter auf der S6 bis zur Abfahrt Maria Schutz-Semmering. Danach immer den Wegweisern auf den Semmering und schließlich den grünen Zauberberg-Hinweisschildern folgen. So gelangt man zu den Liften und Rodelhügeln. (Navi: 2680 Semmering, Zauberberg)

› **Parkplatz:** Es gibt bei den Skiliften mehrere beschilderte Parkplätze.

› **Anfahrt öffentlich:** Mit dem Zug bis zum Bahnhof Semmering. Von dort ca. 25 Minuten zu Fuß zum Zauberberg.

› **Eignung für Kleinkinder:** Ja. Die Rodelhügel sind auch für Kleinkinder gut geeignet.

INFOS/ EINKEHRMÖGLICHKEIT:

• Rund um die Skilifte sind einige Restaurants angesiedelt. Sämtliche Informationen wie Schnee- und Wetterbericht, Gastronomie-Angebote usw. finden sich unter: *www.zauberberg.at*

BESCHREIBUNG:

Die Rodelhügel liegen ganz in der Nähe des „Happy Lifts", einem Lift für Skianfänger und Skianfängerinnen. Eine Rodelmöglichkeit befindet sich von der Straße aus gesehen ganz rechts am Hang. Einen weiteren – weniger frequentierten – Hügel erreicht man, indem man einfach am Lift vorbei ein Stück weiter Richtung Steiermark geht.

36 Rodeln innerhalb **Wiens**

a. Jesuitenwiese im Prater (1020)

Der Rodelhügel im Prater im 2. Bezirk ist sicherlich der Rodel-Klassiker innerhalb Wiens. Dementsprechend turbulent geht es an den Wochenenden oft zu. Ein großes Plus ist allerdings, dass hier auch gerodelt werden kann, wenn sonst noch kein Schnee liegt: Denn bei Temperaturen von -2° wird der Hügel beschneit und eine Flutlichtanlage ermöglicht das Rodeln bis 21 Uhr.

› **Anfahrt PKW:** A23 bis zum Knoten Prater. Weiter auf der Schüttelstraße bis zur Wittelsbachstraße. In diese rechts einbiegen.

› **Parkplatz:** Es gibt Parkplätze in der Rustenschacherallee. Diese sind allerdings am Wochenende schnell voll.

› **Anfahrt öffentlich:** Mit der Straßenbahnlinie 1 bis zur Endstation Prater Hauptallee. Von der Endstation nicht zur Hauptallee, sondern die Rotundenallee ein Stück zurück gehen und dann links abbiegen, um zum Rodelhügel zu kommen.

› **Eignung für Kleinkinder:** Der Rodelhügel ist für kleine Kinder in Begleitung eines Erwachsenen geeignet. Gleich neben dem Hügel befindet sich ein Kinderspielplatz.

b. Roter Berg (1130)

Am Roten Berg gibt es zwei Rodel-Optionen: den Rodelhügel und den Heinz-Nittel-Weg. Dazu zunächst dem Heinz-Nittel-Weg folgen bis der Hügel erreicht wird und/oder den Weg einfach weitergehen und anschließend wieder runter sausen.

› **Anfahrt PKW:** Nach Hietzing. Die Lainzer Straße entlang fahren und schließlich die Veitingergasse hinein bis zum Heinz-Nittel-Weg. Dort in der Nähe Parkplatz suchen.

› **Parkplatz:** Es gibt in der Gegend z.B. in der Veitingergasse Parkplätze.

› **Anfahrt öffentlich:** Von der U-Bahn-Station Ober St.-Veit mit dem Bus 54B bis zur Station Veitingergasse. Die Veitingergasse hinein gehen und dann rechts in den autofreien Heinz-Nittel-Weg abbiegen.

› **Eignung für Kleinkinder:** Der Rote Berg ist für Kleinkinder sehr gut geeignet.

c. Pötzleinsdorfer Schlosspark (1180)

Der Rodelhügel im Pötzleinsdorfer Schlosspark im 18. Bezirk ist ein schmaler, dennoch eher steiler Streifen gleich neben dem Spielplatz. Ein Plus ist die öffentliche Erreichbarkeit: Der Hügel ist von der Endstation der Linie 41 in Kürze erreicht.

- **Anfahrt PKW:** Nach Gersthof und dort die Gersthoferstraße, die dann in die Pötzleinsdorferstraße übergeht, entlang bis zum Parkeingang.
- **Parkplatz:** Es gibt Parkplätze rund um den Park.
- **Anfahrt öffentlich:** Mit dem 41er bis zur Endstation. Von dort bei den großen Toren in den Park. Der Rodelhügel befindet sich gleich beim Spielplatz.
- **Eignung für Kleinkinder:** Der Hügel ist für Kleinkinder geeignet, aufgrund der geringen Breite ist aber die Kollisionsgefahr relativ hoch.
- **Öffnungszeiten:** des Parks beachten.

d. Kaffeehausberg im Donaupark (1220)

Der Kaffeehausberg im Donaupark im 22. Bezirk ist ein perfekter Hügel für kleine Kinder: nicht zu steil und nicht zu lange. Außerdem ist er ein gutes Rodelziel für schneearme Winter, da der Kaffeehausberg ab -2° mit Schneekanonen beschneit wird.

- **Anfahrt PKW:** Auf der Wagramer Straße bis zur Arbeiterstrandbadstr. Diese hinein bis zu den Parkplätzen beim Eingang des Donauparks. Vom Eingang zunächst der Hinweistafel zum Donauturm folgen und dann bald links zum Kaffeehausberg abbiegen.
- **Parkplatz:** Es gibt Parkplätze in der Arbeiterstrandbadstraße.
- **Anfahrt öffentlich:** Mit der U1 bis zur Station Alte Donau. Von dort die Arbeiterstrandbadstraße entlang bis zum Parkeingang. Dort zunächst dem Schild Richtung Donauturm folgen und dann bald links Richtung Kaffeehausberg abbiegen.
- **Eignung für Kleinkinder:** Hervorragend für Kleinkinder geeignet.

Wichtige Informationen zum Eislaufen

Eine zweite Möglichkeit, die kalten Tage im Freien zu verbringen, ist Eislaufen. Dabei haben Natureisflächen einen besonderen Reiz, bergen aber auch größere Risiken. Das Eislaufen auf Natureisflächen erfolgt immer auf eigene Gefahr und ist überhaupt erst nach einer längeren, sehr kalten Periode möglich, in milden Wintern daher gar nicht. Vor einem Eislaufausflug unbedingt erkundigen, ob das Gewässer zum Eislaufen freigegeben ist (am Neusiedler See gibt es im Winter ein eigenes Eistelefon), da die Gefahr des Einbrechens auf natürlichen Seen und Teichen nicht unterschätzt werden darf.

Einige allgemeine Regeln zum Eislaufen auf Natureisflächen sind:
- nur auf offiziell freigegebenen Gewässen eislaufen
- das Eis darf sich bei Belastung nicht bewegen, keine Geräusche machen und es dürfen sich keine Sprünge bilden
- dunkle, nicht befahrene Stellen nicht betreten
- nicht in Gruppen stehen bleiben
- Schilfnähe, Bootsanlegestellen etc. ausweichen

37 Eislaufen am **Hanslteich**

Der Hanslteich ist ein sehr kleiner Teich im 17. Wiener Bezirk. Aufgrund seiner Größe und Übersichtlichkeit ist der malerische von Wald umgebene Natureislaufplatz vor allem für Anfänger sehr gut geeignet.

- **Anfahrt PKW:** Nach Neuwaldegg und immer die Neuwaldegger Str. entlang. Beim 1. Kreisverkehr Richtung Tulln/Hütteldorf abbiegen. Beim zweiten Kreisverkehr gleich danach dem Wegweiser nach Hütteldorf folgen. Nach einem kurzem Stück links einbiegen zum Hanslteich. (Navi: 1170 Wien, Amundsenstr. 10)
- **Parkplatz:** Es gibt direkt beim Hanslteich einen Parkplatz.
- **Anfahrt öffentlich:** Mit der Straßenbahnlinie 43 zur Endstation Neuwaldegg. Weiter mit dem 43A bis zur Marswiese. Am Sportzentrum Marswiese vorbei gehen und weiter der Straße entlang Richtung Hütteldorf folgen. Bald nach links zum Hanslteich.
- **Eignung für Kleinkinder:** Sehr gut geeignet, da es ein kleiner, übersichtlicher Teich ist.

BESCHREIBUNG:
Der Teich liegt durch die Wälder rundherum überwiegend im Schatten.

38 Eislaufen am **Wienerbergsee**

Nur wenige Minuten von der stark befahrenen Triester Straße und der A23 entfernt liegt ein idyllischer und überraschend ruhiger Ort – das 117 Hektar große Erholungsgebiet Wienerberg. Den Mittelpunkt des Areals bildet der Wienerbergsee, ein ehemaliger Ziegelteich, der nach ausreichend frostigen Tagen und Nächten zum Eislaufen, Eishockeyspielen und Eisstockschießen einlädt.

› **Anfahrt PKW:** Die Triester Straße stadtauswärts. Auf der Höhe des Business Park Vienna links einbiegen (wenn man an dem Golfplatz, der an der Triester Str. liegt, vorbeifährt, ist man bereits zu weit). Dort befinden sich auch gleich die Parkplätze. (Navi: 1100 Wien, Otto-Benesch-Park, Sickingengasse)

› **Parkplatz:** Es gibt Parkplätze beim Eingang zum Erholungsgebiet Wienerberg.

› **Anfahrt öffentlich:** Mit der Straßenbahnlinie 1 bis zur Endstation Stefan-Fadinger-Platz. Von dort dann zu Fuß ein Stück weiter stadtauswärts gehen, um in Kürze das Erholungsgebiet zu erreichen. Eine zweite Möglichkeit ist die Straßenbahnlinie 67 bis zur Wienerfeldgasse.

› **Eignung für Kleinkinder:** Sehr gut geeignet.

INFOS/ EINKEHRMÖGLICHKEIT:

• Zuvor unbedingt erkundigen, ob der Wienerbergsee zum Eislaufen freigegeben wurde.

BESCHREIBUNG:

Um zum See zu kommen, vom Parkplatz aus gerade in das Erholungsgebiet hinein gehen. Der Weg geht dann etwas bergab und schon bald rückt der See ins Blickfeld. Dann einfach den Wegen zum Ufer folgen. Der See selbst liegt in der Sonne und ist daher auch an sehr kalten, aber schönen Tagen, ein angenehmer Ort um eiszulaufen.

39 Eislaufen am Neusiedlersee in **Rust**

Mit einer Natureisfläche von 320 km^2 bietet der zugefrorene Neusiedlersee ein ganz besonderes Eislauferlebnis.
Ein optimaler Ort für Anfänger wie für Profis ist die Ortschaft Rust, die am Westufer des Sees liegt. Denn die geschützten Ruster Bucht ist perfekt, um erste Schritte am Eis auszuprobieren. Fortgeschrittene können den Schilfgürtel hinter sich lassen, um die rund fünf Kilometer lange Strecke ans andere Seeufer in Angriff zu nehmen.
Bevor man sich allerdings ins Abenteuer stürzt, unbedingt die Eisqualität am Eistelefon erfragen, denn der Neusiedlersee friert nicht jedes Jahr zu.

› **Anfahrt PKW:** Auf der A2 bis Knoten Guntramsdorf. Hier weiter auf der A3 immer Richtung Eisenstadt. Bei Eisenstadt Richtung Neusiedlersee abfahren und den Wegweisern nach Rust folgen. In Rust selbst zum gut beschilderten Strandbad fahren.

› **Parkplatz:** Es gibt direkt beim Ruster Strandbad einen kostenpflichtigen Parkplatz.

› **Anfahrt öffentlich:** Vom Südtiroler Platz fährt ein Bus nach Rust (Bus fährt weiter nach Mörbisch). Bei der Station Postamt in Rust aussteigen und von dort Richtung Seebad gehen (ca. 800 Meter). (Navi: 7071 Rust, Seebad)

INFOS/EINKEHRMÖGLICHKEIT:

• Vor dem Ausflug nach Rust unbedingt am Eistelefon die aktuelle Eisbeschaffenheit erfragen: Tel. 02685-50215.
• Allgemeine Infos unter: *www.neusiedlersee.com* bzw. unter *www.rust.at* (unter Wellness/Pannonischer Winter/Eislaufen). • Es gibt täglich ab 12 Uhr einen Eislaufschuh-Verleih in der Ruster Bucht. • Restaurant Katamaran, direkt am See beim Eislaufgelände, täglich ab 11 Uhr geöffnet, *www.restaurant-katamaran.at*
• Direkt am Ufer des Sees werden bei gutem Eis täglich von 12 bis 16 Uhr heiße Speisen und Getränke verkauft.

BESCHREIBUNG:

Der Neusiedlersee ist ein Eislauf-Paradies für Jedermann. Einziger Nachteil ist der frostige Wind, der hier oft bläst.

Natur-Spielräume innerhalb Wiens

Sogar die Großstadt Wien bietet für naturverbundene Eltern und Kinder mehr als nur Spielplätze mit vorgegebenen Spielgeräten. Zwar nicht mitten (mit Ausnahme des grünen Praters), aber immerhin am Rande der Stadt befinden sich wunderschöne Erholungsgebiete mit Wäldern, Wiesen und sogar Bächen – optimale Orte also für ausgedehnte Ausflüge und stundenlanges Spielen in der Natur. Diese sind zwar aufgrund der Besucherzahl und der breiten Wege nicht vergleichbar mit den einsamen Wäldern des Waldviertels, aber gerade für Klein- und Vorschulkinder absolut ausreichend, um sich voll und ganz ins Stöcke Sammeln, Dämme Bauen und Ameisen Beobachten zu vertiefen.

Natur-Spielräume innerhalb Wiens

40 Türkenschanzpark

Mit ursprünglicher Natur hat der Türkenschanzpark eigentlich nicht sehr viel gemein. Dennoch soll er nicht fehlen, da er ein wunderschöner Park ist, in dem Wiesen betreten werden dürfen und es sehr viel zu entdecken gibt. Da wären zum Beispiel Kletterbäume oder Ententeiche, Spielplätze, eine Aussichtswarte oder der orientalisch angehauchte Yunus-Emre-Brunnen, der sich im Sommer hervorragend für Wasser-Spiele eignet. Und da es auf den Wiesen viele schöne, schattige Plätze gibt, sollte man auf alle Fälle genügend Proviant einpacken und ein ausgedehntes Picknick einplanen.

- **Wetter:** Bei jedem Wetter geeignet. Die Spielplätze liegen allerdings in der Sonne und sind daher im Hochsommer nicht zu empfehlen. Auf den Wiesen sind aber sehr nette Schattenplätze vorhanden.
- **Kinderfahrrad:** Für geübte Fahrer geeignet, da es meist bergauf bzw. bergab geht.
- **Öffentliche Anfahrt:** Mit der Straßenbahn 41 oder dem 10A bis zum Türkenschanzplatz oder mit dem 40A bzw. 37A bis zur Dänenstraße.
- **Anfahrt mit PKW:** Nach Gersthof und auf der Gersthofer Str. weiter bis zum Türkenschanzplatz. Hier rechts halten und am besten dann gleich wieder rechts in die Hasenauerstraße, um einen Parkplatz zu suchen. (1180 Wien, Hasenauerstr. 48)

ANGEBOT:

• Zwei Spielplätze • Sandkiste in Ritterburg-Form • Beachvolleyball-Plätze • große Liegewiesen • Ballspielkäfig • Wiese zum Slacklinen • Teiche mit Enten • Aussichtswarte (nur in der wärmeren Jahreszeit einmal pro Monat Sa und So geöffnet, siehe Homepage unten) • Tischtennis-Tische • Skateboard-Rampen • im Winter rodeln möglich.

INFOS/ EINKEHRMÖGLICHKEIT:

• Anfang September findet jedes Jahr das Kunstfestival „Montmartre“ im Türkenschanzpark statt. Nähere Infos: *www.montmartre.at* • Öffnungszeiten der Paulinenwarte: *www.wien.gv.at/umwelt/parks/anlagen/paulinenwarte.html* • Mayerei: *www.mayerei-tuerkenschanzpark.at*.

STÜTZPUNKT/GASTHÄUSER:

• Mitten im Park gleich in der Nähe der Teiche befindet sich die Mayerei im Türkenschanzpark. Vor allem an schönen Tagen ist es hier herrlich, draußen zu sitzen.

41 Schwarzenbergpark

Der Schwarzenbergpark im 17. Bezirk grenzt direkt an den Wienerwald und dementsprechend grün und bewaldet ist das 80 Hektar große Areal. Kinder können hier im Wald spielen, auf den hügeligen Wiesen herum toben oder den Spielplatz unsicher machen. Die gerade, nur leicht ansteigende Strecke vom Beginn des Parks zum Teich eignet sich hervorragend für Lauf- und Fahrradanfänger.

- **Wetter:** Jedes Wetter. Im Winter wird sogar eine Langlaufloipe gespurt.
- **Kinderfahrrad:** Ja, der Park eignet sich hervorragend zum Fahrradfahren.
- **Öffentliche Anfahrt:** Mit der Straßenbahnlinie 43 bis zur Endstation Neuwaldegg und anschließend mit dem 43A weiter zur Marswiese.
- **Anfahrt mit PKW:** Auf der Neuwaldegger Str. bis zum Kreisverkehr bei der Marswiese fahren. Dort einen Parkplatz suchen. Der Eingang in den Schwarzenbergpark befindet sich gegenüber der Marswiese. (Navi: 1170 Wien, Neuwaldegger Str., Marswiese)

ANGEBOT:
- Spielplatz mit Bach zum Pritscheln
- Ententeich • Wald und Wiesen
- Grillplätze

INFOS/ EINKEHRMÖGLICHKEIT:
Gleich zu Beginn des Schwarzenbergparks in der Nähe des Spielplatzes befindet sich eine Jausenstation. Von Frühling bis Herbst ist diese täglich geöffnet, im Winter nur an den Wochenenden.

42 Im Ottakringer Wald

Der Ottakringer Wald ist ein großes Erholungsgebiet im 16. Bezirk, das sich bestens für Ausflüge in die Natur und Abenteuerspiele im Unterholz eignet. Im Winter führt sogar eine Naturrodelbahn durch den Wald (siehe Wegbeschreibung). Nur einen Spielplatz gibt es nicht.

- **Wetter:** Jedes Wetter. Nach längerem Regen ist es aber ziemlich gatschig, da der Weg durchgehend im Wald verläuft.
- **Kinderfahrrad:** Nein.
- **Kinderwagen:** Mit einem geländetauglichen Kinderwagen können im Ottakringer Wald sehr nette Spaziergänge gemacht werden.
- **Öffentliche Anfahrt:** Mit der Autobuslinie 146B von der S- bzw. U-Bahnstation Ottakring bis zur Station Savoyenstr./ Koenig-Promenade.
- **Anfahrt mit PKW:** Auf den Wilhelminenberg und die Savoyenstraße entlang. Am Schloss Wilhelminenberg vorbei und auf Höhe der nächsten Bushaltestelle parken. Es gibt am Straßenrand Parkplätze. Dann auf Höhe der Bushaltestelle Savoyenstr./ Koenig-Promenade in den Wald zu den Informationstafeln hinein gehen. (Navi: 1160 Wien, Savoyenstraße)

ANGEBOT:

• Wald • Im Winter: Naturrodelbahn
• Fußballplatz • Kleiner Teich

INFOS/ EINKEHRMÖGLICHKEIT:

Fährt man mit dem Bus 146B bis zur Station „Feuerwache Steinhof“, gelangt man zu den Steinhofgründe: ein sehr schönes Areal mit Spielplatz und großen Wiesen. Unterwegs gibt es keinen Stützpunkt.

WEGBESCHREIBUNG:

Für eine kleine Runde im Wald: Um in den Wald zu kommen, einfach von der Bushaltestelle in den Wald zu den Informationstafeln gehen. Am großen Weg nach links abbiegen. Bald danach nach rechts weiter dem Zaun entlang. Schließlich taucht rechts hinter dem Zaun ein alter Tempel auf. Auf der linken Seite liegt der Einstieg der Rodelbahn. Noch ein Stück weiter gehen bis ein Parkplatz erreicht wird. Kurz danach nach links, die Johann-Staud-Straße überqueren und den Weg nach links wählen (Wegweiser: Stadtwanderweg 4). Nun geht es ein kurzes Stück steil bergab bis ein kleiner Teich erreicht wird. Weiter am Stadtwanderweg 4 bis zu einem Grillplatz mit Fußballfeld und Picknicktischen. Kurz davor nach links wiederum die Johann-Staud-Straße und den Parkplatz überqueren. Danach nach rechts dem Wegweiser „Schloss Wilhelminenberg“ folgen (weiß-gelb-weiße Markierung). Bald die Rodelbahn queren, um wenig später wieder zurück zum Ausgangspunkt zu gelangen.

43 Dehnepark

Schöne Wälder, die Schatten spenden und das erfrischende Plätschern des Rosenbaches, der durch den Park fließt, machen den Dehnepark zu einem optimalen Sommer-Ziel. Aber auch im Herbst ist das fünf Hektar große Areal im 14. Bezirk ein Paradies für Kinder. So laden unter anderem die Unmengen an Laub, die der Riesenbaum beim Spielplatz verliert zum Blätterbaden und Spielen im Laub ein.

› **Kinderfahrrad:** Dieser Park ist nicht zum Fahrradfahren geeignet.

› **Öffentliche Anfahrt:** Von der U- und S-Bahnstation Hütteldorf mit dem Bus 147 bis zur Station Raphaelheim (vor Abreise nach den Abfahrtszeiten erkundigen). Von dort dann die Rosentalgasse weiter bergauf bis zum Eingang des Dehneparks.

› **Anfahrt mit PKW:** Die Linzer Straße stadtauswärts fahren. Nach dem Flötzersteig rechts in die Rosentalgasse einbiegen. Diese immer entlang fahren bis man einen Parkplatz findet und weiter zum Parkeingang gehen. (Navi: 1140 Wien, Rosentalgasse).

› **Wetter:** Der Dehnepark is bei jedem Wetter geeignet. Auch im Hochsommer ein nettes Ziel, da der Park sehr schattig ist. Nach längerem Regen sind die Wege allerdings gatschig.

ANGEBOT:

• Spielplatz • Teich mit Enten und kleinem Wasserfall • schöner Wald und nette Wiesen • im Winter Rodelmöglichkeiten.

INFOS/EINKEHRMÖGLICHKEIT:

• Kleines Schutzhaus Rosental, Rosentalgasse Parzelle 667, dazu die Rosentalgasse immer entlang gehen, *www.kleines-schutzhaus.at*.

44 Hörndlwald

Der Hörndlwald im 13. Bezirk ist ein nettes bewaldetes Erholungsgebiet. Außer dem Wald gibt es noch eine große Wiese mit kleinem Spielplatz, von der aus sich eine herrliche Aussicht auf Wien bietet.

- **Wetter:** Prinzipiell bei jedem Wetter ein nettes Ziel. Nach längerem Regen ist der Boden allerdings sehr gatschig.
- **Kinderfahrrad:** Nur für Geübte geeignet. Die Waldwege sind nicht asphaltiert und holprig.
- **Öffentliche Anfahrt:** Mit dem 54B zur Endstation und von dort über den Wiesenhang hinauf zum Wald.
- **Anfahrt mit PKW:** Nach Lainz und die Lainzer Straße entlang. Schließlich in die Jagdschlossgasse einbiegen und nach einiger Zeit links in die Joseph-Lister-Gasse abbiegen. Am Ende der Joseph-Lister-Gasse gibt es Parkplätze. (Navi: 1130 Wien, Joseph-Lister-Gasse)

ANGEBOT:

• Netter Wald • Kleiner Spielplatz

INFOS/EINKEHRMÖGLICHKEIT:

Vom Parkplatz aus in den Wald hinein und parallel zur Straße zurück gehen, um zum Spielplatz zu gelangen. Wer öffentlich anreist: Von der Bushaltestelle den Wiesenhügel bergauf Richtung Wald spazieren. Direkt am Weg gibt es keine Gasthäuser.

2-Tages-Unternehmungen

In der Früh aufzuwachen und sofort in den Wald laufen oder auf der Wiese toben zu können, ist gerade für Stadtkinder etwas ganz Besonderes. Eine Übernachtung auf einer Schutzhütte bietet diese besonderen Erfahrungen. Ein großer Vorteil einer Wanderung mit Übernachtung ist außerdem, dass man den Kindern unterwegs noch mehr Zeit geben kann: Kein Druck wieder nach Hause zu fahren und es ist vollkommen egal, ob die Hütte eine Stunde früher oder später erreicht wird.
Die in diesem Kapitel beschriebenen Hütten und Wanderungen zu den Hütten sind nicht zu vergleichen mit „herkömmlichen“ 2-Tages-Wanderungen. Denn sowohl die Tour zur Gföhlberg-, als auch jene zur Teichhütte wäre für einen Erwachsenen maximal eine gemütliche Tageswanderung. Die Hütten stehen auch nicht auf felsigen Gebirgsplateaus oder in der Nähe imposanter Gipfelkreuze, sondern sind familienfreundliche Hütten, umgeben von Wald und/oder Wiesen, sodass die Kinder ganz ohne Absturzgefahr nach Lust und Laune toben und die Natur erforschen können.

Ein noch intensiveres Naturerlebnis bietet eine Übernachtung in einem Zelt auf einem kleinen Campingplatz, wie dem Platz in Groß-Schönau. Wer also bereits in der Zeit vor den Kindern etwas Camping-Erfahrung gesammelt hat, sollte nicht davor zurückschrecken auch mit kleinen Kindern ein paar Nächte im Zelt zu verbringen (Camping-Tipps unter Allgemeines).

2-Tages-Unternehmungen

45 „Fast wild“ campen in **Großschönau**

Wild campen ist in Österreich leider verboten. Am Campingplatz in der Nähe von Großschönau im Waldviertel ist es dennoch möglich, Natur in vollen Zügen zu genießen. Denn auf diesem Platz, der leicht erhöht liegt, sind nur fünf Stellplätze vorhanden. Gleich dahinter schließen Wald und Wiese an. Außerdem sind eine Lagerfeuerstelle und ein sehr netter Spielplatz vorhanden.

Und auch der Ort Großschönau selbst hat einiges zu bieten: Wanderwege (z.B. den Wünschelrutenweg), einen großen Abenteuer-Spielplatz und für regnerische Tage sogar einen Stadel-Indoorspielplatz.

› **Bestes Wetter:** Schönes, trockenes und warmes Wetter. Denn eine Nacht im Zelt ist bei heißen Temperaturen ebenso ungemütlich, wie, wenn es zu stark abkühlt. Im Vorfeld den Wetterbericht daher genau verfolgen, damit es nicht zu unangenehmen Überraschungen kommt.

› **Öffentliche Anfahrt:** Eine Anfahrt mit öffentlichen Verkehrsmitteln in einer vernünftigen Zeit ist leider nicht möglich.

› **Anfahrt mit PKW:** Auf der A22 bis Stockerau. Weiter nach Krems und dort dann auf der B37 nach Zwettl. In Zwettl weiter Richtung Weitra bis zur Ortschaft Jagenbach. In Jagenbach dann links Richtung Großschönau abbiegen. In Engelstein angekommen zuerst nach rechts Richtung Großschönau und gleich darauf nach links Richtung Friedreichs. Hier beim grünen Wegweiser (Campingurlaub am Biobauernhof Binder) nach rechts zum Campingplatz. (Navi: 3922 Großschönau, Friedreichs 9).

ATTRAKTIONEN:

• Übernachtung im Zelt • Lagerfeuerstelle • Spielplatz • Tiere am Biobauernhof

ATTRAKTIONEN DER UMGEBUNG:

• Abenteuerspielplatz beim BETZ (BioEnergetisches Trainingszentrum). Dazu vom Campingplatz aus nach Großschönau fahren und gleich nach der Ortseinfahrt nach links abbiegen (Wegweiser: BETZ). Hier gibt es Parkplätze. Danach einfach neben dem „Waldviertler Stüberl" durch den Durchgang zum Spielplatz gehen.

INFOS/ÜBERNACHTUNG:

Im Zelt am Campingplatz beim Biobauernhof Binder in Großschönau. Die genaue Adr. lautet: Friedreichs 9, 3922 Großschönau. Tel. 0664-3695734. Es gibt auf dem Campingplatz fünf Stellplätze mit Strom und ein Haus mit Toiletten, Duschen und Waschbecken zum Geschirrwaschen.

• *www.betz.at*. • Sternzeichenpark und Wünschelrutenweg: Vom BETZ aus geradeaus weiter fahren und den braunen bzw. blauen Wegweisern zum Wünschelrutenweg bzw. Sternzeichenpark folgen. *www.wuenschelrute.at*, *www.sternzeichenpark.at*.
• Indoor-Stadelspielplatz: Der Indoor-Stadelspielplatz befindet sich am Biobauernhof Bruckner (Wörnharts 2, 3922 Großschönau). In dem ehemaligen Stadel begeistern nun Spielgeräte aus Holz wie etwa ein Traktor aus einem Baumstamm. Um sicher zu gehen, dass der Stadel geöffnet ist, im Vorhinein anrufen: 02815-6373 (Fam.Bruckner). Anreise zum Biobauernhof: Zunächst auf der Hauptstraße fast bis zum Ortsende von Großschönau fahren. Kurz davor rechts abbiegen (grüner Wegweiser: Biobauernhof Bruckner) und weiter bis nach Wönharts. Bald nach dem Ortsschild zum Biobauernhof abbiegen. *www.gross.schoenau.at/BIOBAUERNHOF*.
• Allgemeine Informationen zum Ort: *www.schoenau.at*.

46 Entspannung pur auf der **Gföhlberghütte**

2,5 km
1,5 h

Die Gföhlberghütte im Wienerwald ist ein optimales Ziel für einen entspannten zweitägigen Wochenendausflug in die Natur. Bereits kleinere Kinder können – natürlich mit ausreichend Pausen zum Spielen und Ausrasten – den Weg zur Hütte bewerkstelligen. Bei der Hütte gibt es einen netten Kinderspielplatz, eine Wiese und einen großen Wald zum Erforschen. Die Hütte selbst ist ein Ökoschutzhaus: Das Lärchenholz für den Bau wurde vor Ort geschlägert, verarbeitet und mit Holznägeln verbunden. Die Dämmung ist aus Schafwolle, Warmwasser wird mittels Solaranlage gewonnen und der Strombedarf der Hütte wird durch Photovoltaik und Windkraft gedeckt.
Wer nicht auf der gemütlichen Hütte übernachten will, kann diese Tour mit gehfreudigen Kindern als Tageswanderung in Angriff nehmen.

- **Anforderung:** Der Weg zur Hütte führt stetig und stellenweise etwas steiler bergauf. Das erste Stück wird auf einer ansteigenden Forststraße zurückgelegt, sodass Ausdauer notwendig ist.
- **Dauer:** Aufstieg zur Hütte: ca. 2,5 km, ca. 200 Höhenmeter, rund 1,5 Std. Der Abstieg geht meist flotter.
- **Bestes Wetter:** Jedes schöne Wanderwetter. Der Großteil des Weges führt durch Wald.
- **Eignung für Kleinkinder:** Dieser 2-Tages-Ausflug ist für Kleinkinder dann geeignet, wenn man sich beim Hinweg zur Hütte entsprechend Zeit lässt und viele (Spiel-)pausen einlegt. Sicherheitshalber aber dennoch eine Trage mitnehmen.
- **Öffentliche Anfahrt:** Eine öffentliche Anreise zum Ausgangspunkt ist leider nicht möglich.
- **Anfahrt mit PKW:** Auf der A1 bis Altlengbach. Anschließend weiter Richtung Laaben und durch Laaben durch. In Klamm rechts Richtung Stössing abbiegen und etwa 3 km eine schmälere, kurvige Straße entlang. Schließlich geht es steiler bergauf und in einer Rechtskurve kann man dann nach links zum Parkplatz abbiegen (P ist nicht beschildert, aber sobald man dort ist, sieht man die Wegweiser zur Gföhlberghütte).
- **Kinderfahrrad:** Nein.
- **Kinderwagen:** Nein.

ATTRAKTIONEN:

• Schöner Spielplatz gleich bei der Hütte (inklusive Kinderhütte und -kletterwand). • Beim Spielplatz eine kleine Wiese und natürlich der Wald zum Spielen. • Unterwegs schöne Aussicht auf den Ötscher.

INFOS/ÜBERNACHTUNG:

Die Gföhlberghütte ist ganzjährig Sa ab 11 Uhr sowie So und feiertags ganztägig geöffnet. Unbedingt vorher reservieren, wenn man auf der Hütte übernachten will (aktuelle Telefonnummern zum Reservieren und Preise) findet man auf der Homepage: *www.eichgraben.naturfreunde.at* bzw. in der Hüttensuchmaschine auf der Naturfreunde-Homepage: *www.naturfreunde-haeuser.net* (bei der Suche Gföhlberghütte eingeben). Oder Tel. 0664-4951329 (Leopold Dworak). Es stehen zwei Drei-Bettzimmer zur Verfügung (jeweils 1 Stock- und ein Einzelbett). In diesen Zimmern befinden sich auch ein Tisch und Sessel. Weiters gibt es neun Matratzenlager. Ein Hüttenschlafsack ist erforderlich. Die Hütte ist eine Nichtraucher-Hütte.

WEGBESCHREIBUNG:

Vom Parkplatz aus die Forststraße bergauf gehen (Wegweiser: Gföhlberghütte, Elsbeerweg, weiß-grün-weiße Markierung). Nach einiger Zeit werden ein paar Häuser erreicht. An den Häusern vorbei und nach links weiter den Wegweisern zur Gföhlberghütte folgen (nun weiß-blau-weiße Markierung). Nach dem Rastplatz mit dem Ötscherblick dem Weg links steil bergauf in den Wald hinein folgen. Am gleichen Weg wieder retour.

47 Zur Teichhütte ohne Teich

5 km
2,5 h

Übernachtung: Im kinderfreundlichen Schutzhaus Eibl-Teichhütte, das 2011 abbrannte und danach rasch wieder aufgebaut wurde, stehen zwei 4-Bett-Zimmer und zwei Matratzenlager zur Verfügung. Die Hütte ist von 1. Mai bis 31. Oktober täglich außer montags geöffnet. Genaue Infos und aktuelle Preise unter ww.troestl.info, Tel: 0676-4768246 (Fa. Tröstl). Hüttenschlafsack nicht vergessen!
Einziger Minuspunkt: Gleich neben der Hütte steht ein Handymast.

- **Anforderung:** Eine Tour für gehfreudige Kinder. Der Weg auf der Forststraße ist einfach, aber stellenweise recht steil und nicht sehr abwechslungsreich.
- **Dauer:** Aufstieg zur Teichhütte: rund 5 km, 500 Höhenmeter, 2,5 Std., Abstieg am selben Weg.
- **Bestes Wetter:** Schönes, aber keinesfalls zu heißes Wanderwetter. Denn der überwiegende Teil des Weges verläuft in der Sonne.
- **Eignung für Kleinkinder:** Nur mit Sicherheits-Trage für Konditionseinbrüche. Auf alle Fälle viele Pausen und genügend Zeit einplanen.
- **Öffentliche Anfahrt:** Mit dem Zug nach St. Pölten Hauptbahnhof. Von dort den Postbus 1545 nach Türnitz nehmen. Anschließend die Straße einfach weitergehen bis zur Traisenbachstraße. In diese links und anschließend gleich rechts in die Eiblstraße einbiegen.
- **Anfahrt mit PKW:** Auf der A2 bis St. Pölten Süd. Danach weiter Richtung Lilienfeld. Durch Lilienfeld durch und in Freiland geradeaus weiter immer Richtung Türnitz. In Türnitz selbst dann den Wegweisern zum Eibl-Jet folgen (auf der Hauptstraße zuerst geradeaus, dann links in die Traisenbachstraße und dann rechts in die Eiblstraße einbiegen). Beim Eibl-Jet parken. (Navi: 3184 Türnitz, Eiblstraße)
- **Kinderfahrrad:** Nein.
- **Kinderwagen:** Nein.

ATTRAKTIONEN:

• Spielplatz und kleiner Streichelzoo bei der Hütte • Eibl-Jet (eine Art Sommerrodelbahn) beim Ausgangspunkt der Wanderung

ATTRAKTIONEN DER UMGEBUNG:

• Wer nach dieser Tour noch eine kleine Wanderung oder ein paar nette Stunden am Fluss anhängen will, der sollte unbedingt die Falkenschlucht besuchen. Die Steiganlagen selbst sind für Vorschulkinder absolut nicht geeignet. Allerdings ist auch der Weg vom Parkplatz zu den Steiganlagen sehr schön und es gibt immer wieder Zugänge zum Bach. Um zur Falkenschlucht zu gelangen, mit dem Auto vom Parkplatz des Eibl-Jets die Eiblstraße zurück fahren und dann gleich rechts abbiegen (grüner Wegweiser: Falkenschlucht). Nun diese Straße, die dann in eine Schotterstraße übergeht, bis zum Parkplatz beim Fahrverbotsschild entlang. • Wer nach der Hüttenübernachtung einmal eine Auszeit von der Natur braucht und lieber eine rasante Abfahrt wagt, kann den Eibl-Jet ausprobieren, der sich direkt beim Ausgangspunkt der Wanderung befindet. Kinder ab 4 Jahren dürfen in Begleitung eines Erwachsenen fahren. Preise und Öffnungszeiten unter *www.tuernitz.at*.

WEGBESCHREIBUNG:

Vom Parkplatz aus die kleine Asphaltstraße beim Eibl-Jet bergauf gehen (Wegweiser: Eibl). Vor dem Bauernhof links in den Weg abbiegen, der um den Hof herum führt (Wegweiser: Eibl Teichhütte). Nun immer der Forststraße bergauf folgen. Bei einer Weggabelung auf dieser Straße bleiben und somit rechts weitergehen. In zwei langgezogenen Kehren führt der Weg nun am ehemaligen Skihang hinauf. Oben angekommen schließlich rechts abbiegen, um zur Teichhütte zu gelangen. Die Hütte befindet sich direkt hinter dem Gipfelkreuz.

Ausflugsziele

Sollte das Wetter einmal nicht stabil genug für eine Wanderung oder Radtour sein, sind die hier beschriebenen Ausflugsziele, etwa Tier- oder Erlebnisgärten, eine optimale Alternative. An den meisten Orten ist allerdings Eintritt zu bezahlen.

48 Schauen und Staunen in den **Kittenberger Erlebnisgärten**

€

Die Kittenberger Erlebnisgärten bestehen aus über 30 wunderschön angelegten, naturnah gestalteten Schaugärten. Neben Garten- und Naturliebhabern kommen hier Kinder ebenfalls voll auf ihre Kosten: Im „Garten der Versuchung“ locken ausschließlich Pflanzen mit essbaren Früchten, Blättern oder Beeren. Im „tierischen Garten“ können ein Schwein, Ziegen und Hasen beobachtet werden und der Kinderweltgarten lädt zum Klettern, Rutschen und zum Spielen in Sand und Matsch ein.

- **Anforderung:** Leichter Spaziergang. Teilweise geht es bergauf.
- **Dauer:** Je nach Lust und Laune, aber optimalerweise zirka einen halben Tag einplanen.
- **Bestes Wetter:** Jedes Ausflugswetter. Im Winter sind die Gärten geschlossen. Ausnahme: Der Adventzauber in der Vorweihnachtszeit.
- **Anfahrt PKW:** Auf der A22 bis Knoten Stockerau. Anschließend auf der S5 Richtung Krems bis zur Abfahrt Fels am Wagram. Weiter auf der B34 nach Langenlois. Dort dann immer den Wegweisern nach Schiltern bzw. zu den Kittenberger Erlebnisgärten folgen. (Navi: 3553 Schiltern, Laabergstr. 15)
- **Parkplatz:** Es gibt direkt beim Eingang gut ausgeschilderte Parkplätze.
- **Anfahrt öffentlich:** Es ist möglich, mit öffentlichen Verkehrsmitteln nach Schiltern zu gelangen. Allerdings muss man einige Male umsteigen: Zunächst von Spittelau mit dem Regionalzug Richtung Krems bis nach Hadersdorf am Kamp. Hier in den Regionalzug Richtung Sigmundsherberg einsteigen und bis nach Langenlois fahren. Dann den Bus nach „Schiltern Schloss“ nehmen und bei der Station Schiltern Karglstraße 17 aussteigen.
- **Eignung für Kleinkinder:** Gut geeignet, da die Weglänge variiert werden kann und es in jedem Garten etwas zu entdecken gibt.
- **Kinderwagen:** Ja, möglich.
- **Kinderfahrrad:** Nein.

ATTRAKTIONEN FÜR KINDER:

• „Tierischer“ Garten, der u.a. ein Schaf, ein Hängebauchschwein, Ziegen, Hasen und Papageien beheimatet. • Ein Kinderspielplatz inklusive Rutsche, Sand-Gatsch-Platz und in einen Naturgarten integriertem Kletterfelsen. • Irrgarten. • Strohhüpfburg.

INFOS/ÜBERNACHTUNG:

• Öffnungszeiten der Erlebnisgärten und des Gartenbistros, Eintrittspreise und weitere Informationen unter: *www.kittenberger.at*. • Ebenfalls in Schiltern befindet sich der „Arche Noah“-Schaugarten. Der Verein setzt sich für die Erhaltung der Kulturpflanzenvielfalt ein: *www.arche-noah.at*.

WEGBESCHREIBUNG:

Es gibt beim Eingang einen Orientierungsplan zum Mitnehmen.

49 Bei den Wölfen in **Ernstbrunn**

€

Gleich zwei Attraktionen im Tierpark Ernstbrunn machen ihn zu einem empfehlenswerten Ausflugsziel: einerseits die Wölfe und andererseits die Rehe. Die Wölfe deshalb, weil sich mitten im Tierpark das Wolfforschungszentrum der Universität Wien befindet. Und die Rehe, weil man sie hautnah erleben kann: In einem riesigen, alm-ähnlichen, zugänglichen Gehege lassen sie sich füttern und sogar streicheln.
Außerdem sind die Gehege des Tierparks großzügig angelegt, sodass der Weg dazwischen einen schönen, ausgedehnten Spaziergang auf schattigen Waldwegen ergibt.

- **Anforderung:** Schöne, breite Wege führen durch den Tierpark. Der erste Teil geht allerdings bergauf, die zweite Hälfte dementsprechend bergab.
- **Dauer:** Nach Belieben. RW: rund 2,5 km, 100 Höhenmeter, ca. 1 Std.
- **Bestes Wetter:** Schönes Ausflugswetter. Nach Regen sind die schattigen Wege gatschig.
- **Anfahrt PKW:** Auf der A22 bis zum Knoten Korneuburg. Dort auf die S1 abfahren und weiter bis Korneuburg-Nord. Beim Kreisverkehr Richtung Ernstbrunn und von dort immer den Wegweisern nach Ernstbrunn folgen. Beim Kreisverkehr nach dem Lagerhaus links ins Zentrum von Ernstbrunn fahren. Bei der Kirche dann rechts abbiegen und ab hier den grünen „Wildpark Ernstbrunn-Wegweisern“ folgen. (Navi: 2115 Ernstbrunn, Dörfles, Tierpark Ernstbrunn)
- **Parkplatz:** Es sind Parkplätze beim Tierpark vorhanden.
- **Anfahrt öffentlich:** Öffentlich nicht erreichbar.
- **Eignung für Kleinkinder:** Ja, sehr gut geeignet. Aber auf alle Fälle einen geländetauglichen Kinderwagen mitnehmen, da die Distanzen zwischen den Gehegen manchmal größer sind.
- **Kinderwagen:** Ja, aber nur für Konditionstarke, denn die Wege sind teilweise recht holprig und es geht bei den Wölfen ein Stück steil bergauf.
- **Kinderfahrrad:** Nein.

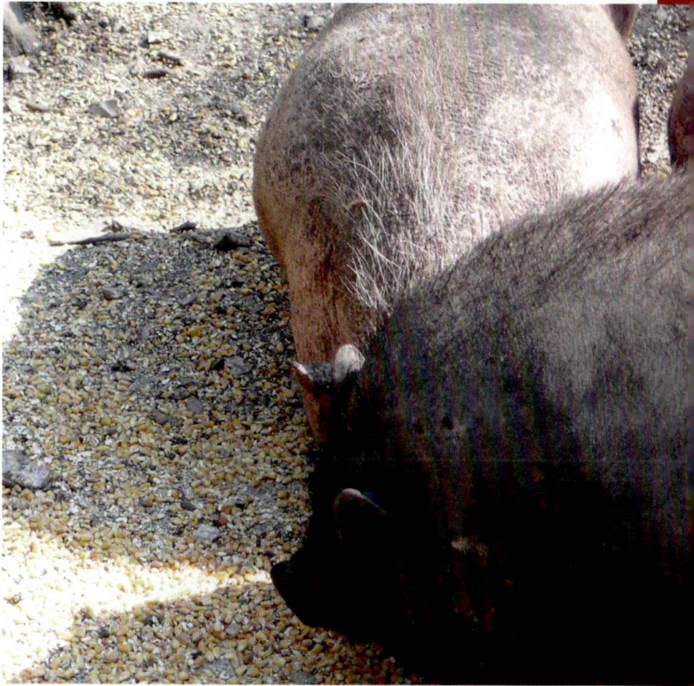

ATTRAKTIONEN FÜR KINDER:

• Tiere (u.a. Wölfe, Rehe, Ziegen, Rotwild, Steinböcke) • Spielplatz (leider allerdings mit sehr veralteten Geräten, die hoffentlich bald erneuert werden).

INFOS/ÜBERNACHTUNG:

• Öffnungszeiten: Palmsonntag bis Allerheiligen 9-17 Uhr, Ruhetag: Mo, im Winter: an Sonn- und Feiertagen von 10-16 Uhr geöffnet, *www.castlewelt.com/wildpark-ernstbrunn*. • Im Tierpark ist auch das Wolf Science Center der Uni Wien angesiedelt: *www.wolfscience.at*. Die Wölfe und Hunde kann man auch beim Toben und Spielen beobachten.

WEGBESCHREIBUNG:

Die Rundwege sind sehr gut beschildert. Ein Plan des Wildparks ist am Eingang erhältlich.

50 Kaiserliche Kamele auf **Schloss Hof**

€

Schloss Hof ist eigentlich kein typisches Natur-Ziel. Dennoch soll das in den späten 1720er-Jahren für Prinz Eugen von Savoyen angelegte Schloss nicht unerwähnt bleiben. Schließlich gibt es hier viel zu entdecken und erleben. So blühen im Frühling in jedem der unzähligen Höfe wunderschöne Blumen und die Anlage verfügt über einen Naschgarten, in dem alle Früchte und Gemüsesorten gepflückt und gekostet werden dürfen. Außerdem lädt ein Streichelzoo zu direktem Ziegen-Kontakt ein und die großen Tiergehege animieren zu einem ausgedehnten Spaziergang. Und alle, die zur Abwechslung einmal Kultur statt Natur wollen, können natürlich das Schloss besichtigen.

- **Anforderung:** Leichter Spaziergang auf gepflegten, geschotterten Wegen.
- **Dauer:** Nach Belieben. Eine ausgedehnte Runde durch den Schlossgarten ist ca. 3,5 km lang.
- **Bestes Wetter:** Schönes Ausflugswetter. Es sollte allerdings nicht zu heiß sein, da es so gut wie keine schattigen Plätzchen gibt und sich die Schloss-Mauern durch die Sonne zusätzlich sehr schnell stark aufheizen.
- **Anfahrt PKW:** Auf der A4 bis Bruck an der Leitha-Ost. Nach der Abfahrt links nach Bad Deutsch-Altenburg abbiegen. Ab hier ist der Weg gut mit „Schloss Hof"-Wegweisern beschildert. Vor Hainburg schließlich über die Donaubrücke und nach einiger Zeit auf der Bundesstraße rechts nach Schloss Hof abbiegen. (Navi: 2294 Schlosshof 1)
- **Parkplatz:** Die Parkplätze beim Schloss sind gut ausgeschildert.
- **Anfahrt öffentlich:** Von Kagran fährt die Bus-Linie 593 nach Schloss Hof. Außerdem gibt es von Mai bis Oktober jeden Samstag, Sonntag und Feiertag einen (kostenpflichtigen) Shuttle-Bus der Firma Blaguss von Wien (Schwedenplatz) nach Schloss Hof.
- **Eignung für Kleinkinder:** Ja, sehr gut geeignet.
- **Kinderwagen:** Ja, das gesamte Areal ist problemlos befahrbar.
- **Kinderfahrrad:** Nein. Kinderfahrräder sind aus Sicherheitsgründen nicht gestattet.

ATTRAKTIONEN FÜR KINDER:

• Spielplatz • Streichelzoo • Tiergehege mit u.a. weißen Kamelen • Naschgarten

INFOS:

• Öffnungszeiten, Eintrittspreise, Veranstaltungen, Öffnungszeiten der Restaurants am Schloss-Gelände und die Abfahrtszeiten des Shuttle-Busses finden sich unter: *www.schlosshof.at* • Im Schloss gibt es Cafés und Restaurants.

WEGBESCHREIBUNG:

Es gibt beim Eingang einen Orientierungsplan zum Mitnehmen. Um Spielplatz, Streichelzoo und den Tiere zu erreichen, nach dem Eingang ein Stück den breiten Weg entlang gehen und dann links abbiegen.

51 Eine Schlossinsel mitten im **Nationalpark Donau-Auen**

€

Auf einer Länge von rund 38 Kilometern erstreckt sich der Nationalpark Donau-Auen von Wien bis hin zur slowakischen Grenze. Etwa in der Mitte liegt Orth an der Donau. Hier befindet sich im Schloss nicht nur das Besucherzentrum des Nationalparks. Vielmehr können auf der Schlossinsel die Tiere des Nationalparks aus nächster Nähe beobachtet werden: Riesige Glasscheiben bieten zum Beispiel einen direkten Einblick in die Unterwasserwelt. Aber auch Schlangen und Schildkröten können bestaunt werden und ein Naturspielplatz lädt zum Verweilen ein.

- **Anforderung:** Leicht; schöner Wald- bzw. Feldweg.
- **Dauer:** Schlossinsel: je nach Lust und Laune; anschließende Wanderung: RW: ca. 3 km, kein Höhenunterschied, 1 Std.
- **Bestes Wetter:** Jedes Ausflugswetter (Öffnungszeiten der Schlossinsel beachten, siehe unten). Auf der Schlossinsel gibt es kaum Schatten, die Wanderung verläuft auf überwiegend schattigen Wegen.
- **Anfahrt PKW:** Auf der A23 bis zur Ausfahrt Stadlau. Von hier aus weiter auf der B3 bis Orth an der Donau. In Orth dann den Wegweisern zum Schloss Orth/Nationalparkzentrum folgen. (Navi: 2304 Orth an der Donau, Schlossplatz 1)
- **Parkplatz:** Es gibt einen Parkplatz direkt bei der Kirche neben dem Schloss. Vom Parkplatz ins Nationalparkzentrum, weiter durch das Gebäude (hier befindet sich die Kassa) und über die Brücke zur Schlossinsel gehen.
- **Anfahrt öffentlich:** Von der U2 Station Aspernstraße fährt der ÖBB Postbus Nr. 391 bis nach Orth und hält direkt beim Schloss.
- **Eignung für Kleinkinder**: Die Schlossinsel ist für Kleinkinder bestens geeignet. Auch die Wanderung ist kleinkindertauglich, dennoch sicherheitshalber den Kinderwagen mitnehmen.
- **Kinderwagen:** Ja, er sollte aber für die Wanderung geländetauglich sein.
- **Kinderfahrrad:** Nein.

ATTRAKTIONEN FÜR KINDER:

• Diverse Stationen auf der Schlossinsel: angefangen von Schildkröten, über eine Unterwasserbeobachtungsstation bis hin zum Naturspielplatz.

INFOS/ÜBERNACHTUNG:

• Auf *www.donauauen.at* sind die aktuellen Öffnungszeiten des Nationalparkzentrums Schloss Orth, sowie die Eintrittspreise für die Schlossinsel angegeben. Im Nationalparkzentrum gibt es auch ein Café. Tel. 02212-3555. Das Nationalparkzentrum ist im Winter (von Anfang November bis Ende März) geschlossen.

• In der Nähe befindet sich der Archäologische Park Carnuntum. Tel. 02163-3377-0, *www.carnuntum.co.at*, geöffnet: Mitte März bis Mitte November.

WEGBESCHREIBUNG:

Um auf den Wanderweg zu gelangen, die Schlossinsel durch das Tor neben der Seilbrücke verlassen (das ist der am weitesten entfernte Punkt vom Insel-Eingang). Nach dem Tor dem Weg nach links folgen. So wird ein kleiner schmaler Weg am Waldrand erreicht. Dann immer den lila Markierungen folgen und bei der Abzweigung rechts halten. Anschließend weiter entlang der blau-gelben Markierungen bis zu einem breiten Weg. Auch hier rechts halten. Bald trifft man auf eine Asphaltstraße. Auf dieser geht es den Wegweisern zum Nationalparkzentrum folgend zurück zum Ausgangspunkt.

52 Laxenburg – ein Park für alle Interessen

€

Ein Ausflug in den Schlosspark Laxenburg ist eigentlich immer möglich. Egal, ob die Sonne scheint oder ob es schneit. Egal, ob man zu Fuß, mit dem Bobby Car oder dem Laufrad unterwegs ist. Egal, ob man einen ausgedehnten, abwechslungsreichen Spaziergang oder doch nur einen Abstecher zum Spielplatz machen möchte.
Die Nähe zu Wien macht den Park am Wochenende zu einem beliebten Ausflugsziel. Unter der Woche oder an regnerischen Tagen kann man jedoch in aller Ruhe die im Park verstreuten Denkmäler – wie etwa die Grotte, das Lusthaus oder den Turnierplatz – besuchen und die schönen Wege genießen.

- **Anforderung:** Leichter, abwechslungsreicher Spaziergang auf ebenen Asphaltwegen.
- **Dauer:** Je nach Lust und Laune. Die ausgedehnte Runde durch den Park ist ca. 4,5 km lang, kein Höhenunterschied, 1,5 Std.
- **Bestes Wetter:** Jedes Ausflugswetter.
- **Anfahrt PKW:** A2 bis zur Ausfahrt Wiener Neudorf. Anschließend links abbiegen und immer den Wegweisern Richtung Laxenburg folgen. Beim Kreisverkehr schließlich in die Leopold-Figl-Straße einbiegen und geradeaus zum Schlosspark. (Navi: 2361 Laxenburg, Schlossplatz)
- **Parkplatz:** Parkplätze sind direkt beim Eingang zum Schlosspark vorhanden.
- **Anfahrt öffentlich:** Vom Südtiroler-Platz fährt ein Bus nach Laxenburg. Haltestelle: Fanz-Joseph-Platz. Von hier sind es wenige Minuten (das Schloss Laxenburg ist in Sichtweite) zum Eingang.
- **Eignung für Kleinkinder:** Sehr gut geeignet.
- **Kinderwagen:** Ja. Buggytauglich, da sämtliche Wege asphaltiert sind.
- **Kinderfahrrad:** Ja. Auch für Anfänger geeignet, da es keine Steigungen gibt. Radfahren ist allerdings nur für Kinder bis 6 Jahre erlaubt, ansonsten verboten.

ATTRAKTIONEN FÜR KINDER:

• Spielplatz (in ca. 10 gemütlichen Geh-Minuten vom Parkeingang erreichbar) • Teich mit Riesenfischen und Booten, die gemietet werden können • Kletterbäume • Bummelzug

INFOS/ÜBERNACHTUNG:

• Der Park ist ganzjährig und ganztägig geöffnet. Es ist ein geringer Eintritt zu bezahlen. • Informationen unter *www.schlosspark-laxenburg.at*. • Es gibt einen Kiosk sowohl beim Eingang als auch beim Teich, sowie ein Restaurant in der Franzensburg, von April bis Ende Oktober geöffnet, Tel. 02236-710408.

WEGBESCHREIBUNG:

Um zum Spielplatz zu kommen, beim Parkeingang links gehen und bei der Abzweigung nach der Brücke nach rechts. Für die große Runde zur Franzensburg und zum Teich nach der Brücke nicht zum Spielplatz abbiegen, sondern geradeaus weiter gehen und danach immer den Wegweisern folgen. Beim Teich mit der Fähre (bzw. im Winter über die Brücke) zur Burg, durch die Burg durch, beim Burgausgang rechts und über die Brücke. So kommt man zuerst zum Turnierplatz, anschließend zum Wasserfall. Hier wieder über eine Brücke und nach rechts immer entlang des Kanals. Nach einiger Zeit nochmals nach rechts über die erste Brücke, die erreicht wird. So gelangt man wieder zum Kinderspielplatz bzw. zum Ausgangspunkt.

53 Tiere erleben am **Annahof in Laab**

Seit 2006 bewirtschaftet Familie Schabbauer den Annahof in Laab am Walde. Die Familie hat sich ganz der Bio-Landwirtschaft verschrieben und öffnet jede Woche freitags und Samstag vormittags die Stalltüren. Dann können Hühner, Schweine und Kühe hautnah erlebt und ein Einblick in die Arbeiten auf einem Bauernhof gewonnen werden.

- **Bestes Wetter**: Jedes Wetter. Durchaus auch ein nettes Regenwetter-Programm.
- **Anfahrt PKW:** Die Breitenfurter Straße stadtauswärts entlang und nach einiger Zeit dem Wegweiser nach Laab im Walde folgen. Bald nach der Ortseinfahrt links abbiegen (grüner Annahof Laab-Wegweiser). Die Klostergasse den Hügel bergauf und am Kloster vorbei. Kurz danach befindet sich der Annahof. (Navi: 2381 Laab im Walde, Klostergasse 11)
- **Parkplatz:** Es gibt direkt vor dem Bauernhof Parkplätze.
- **Anfahrt öffentlich:** Mit dem ÖBB-Postbus 253 von Liesing nach Laab im Walde (Haltestelle: Friedhof). Von hier die Klostergasse immer bergauf gehen bis man den Annahof erreicht. (rund 900 Meter pro Strecke).
- **Eignung für Kleinkinder:** Sehr gut geeignet.
- **Kinderwagen:** Ja.
- **Kinderfahrrad:** Nein.

ATTRAKTIONEN FÜR KINDER:

• Schweine, Kühe, Hühner • Hüpfburg aus Stroh • Diverse Arbeitsmaschinen (z.B. Traktoren) zum Bestaunen aus nächster Nähe

INFOS/ÜBERNACHTUNG:

• Der Annahof kann zu den Öffnungszeiten des Hofladens besichtigt werden. Das ist freitags von 9-18 und samstags von 9-13 Uhr, *www.annahof-laab.at*, Tel: 02239-5908.

WEGBESCHREIBUNG:

Als anschließende Wanderung eignet sich die Tour vom Laaber Tor zum Hirschgstemm (siehe Nr. 7, Lainzer Tiergarten – Hirschgstemm). Diese startet allerdings nicht direkt beim Annahof, sondern rund zwei Kilometer entfernt. Um zum Ausgangspunkt zu kommen, die Klostergasse hinuntergehen bzw. – fahren, die Bundesstraße queren und die Hauptstraße gleich gegenüber hinein. Diese geht dann in die Tiergartenstraße über. Die Wanderung startet beim Fahrverbotsschild.

54 **Sparbach** – ein Naturpark für Gehanfänger

€

Einsamkeit und Stille findet man im Naturpark Sparbach zwar gerade an Wochenenden nicht. Dennoch ist er ein perfektes Ausflugsziel mit Vorschulkindern: Es gibt viele Attraktionen (Tiergehege, Naturparkhaus, Spielplatz) und die Distanzen dazwischen sind bereits von Kleinkindern problemlos bewältigbar. Und mit etwas Glück kann es sogar passieren, dass plötzlich ein Wildschwein am Weg auftaucht. Die laufen nämlich im Naturpark Sparbach frei herum.

- **Anforderung:** Leichter, fast ebener Spaziergang bis zum Spielplatz. Von dort geht es dann aber bis zur Ruine Johannstein bergauf.
- **Dauer:** Zur Ruine, d.h. eine Strecke. ca. 2 km, 70 Höhenmeter, 1 Std. Aber aufgrund der Attraktionen unterwegs deutlich mehr Zeit einplanen.
- **Bestes Wetter:** Jedes Wanderwetter. Da der Weg praktisch durchgehend im Schatten liegt, ist er auch an heißeren Tagen empfehlenswert. (Öffnungszeiten des Naturparks beachten!)
- **Anfahrt PKW:** A21 bis zur Abfahrt Hinterbrühl. Von dort den Wegweisern nach Sittendorf/Sparbach bis zum Naturpark folgen. (Navi: 2393 Hinterbrühl, Sparbach 1)
- **Parkplatz:** Auf der Wiese vor dem Eingang gibt es viele Parkplätze.
- **Anfahrt öffentlich:** Mit der S9 bis nach Mödling. Von dort mit dem Bus Richtung Gruberau im Wienerwald bis zur Haltestelle Tiergartensiedlung.
- **Eignung für Kleinkinder:** Vor allem der Weg bis zum Spielplatz ist sehr gut geeignet. Auch für gehfaule Kinder und Laufanfänger ein lohnendes Ziel, da die Distanz zwischen den einzelnen Attraktionen sehr gering ist.
- **Kinderwagen:** Ja, aber es ist ein geländegängiger Kinderwagen notwendig.
- **Kinderfahrrad:** Nein, Fahrräder sind im Naturpark nicht erlaubt.
- **Anfahrt öffentlich:** Mit dem ÖBB-Postbus 253 von Liesing nach Laab im Walde (Haltestelle: Friedhof). Von hier die Klostergasse immer bergauf gehen bis man den Annahof erreicht. (rund 900 Meter pro Strecke).
- **Eignung für Kleinkinder:** Sehr gut geeignet.
- **Kinderwagen:** Ja.
- **Kinderfahrrad:** Nein.

ATTRAKTIONEN FÜR KINDER:

• Hasen, Esel, Wildschweine • Naturpark-Häuschen mit Tierstimmen-Tafel
• Spielplatz inklusive Bach zum Pritscheln
• Balancier-Baum • Baumliegen mitten im Wald

INFOS/ÜBERNACHTUNG:

• Kleinigkeiten zu essen, sowie ein Plan des Naturparks sind beim Besucherzentrum erhältlich. • Der Naturpark ist im Winter geschlossen, also nur von April bis November geöffnet. • Es muss Eintritt bezahlt werden. Die aktuellen Preise und genaue Informationen zum Naturpark finden sich unter *www.naturpark-sparbach.at*.
• Wegen der freilaufenden Wildschweine sind keine Hunde erlaubt.

WEGBESCHREIBUNG:

Vom Besucherzentrum aus einfach dem Haupt-Weg folgen. So gelangt man innerhalb weniger Minuten zu den Tiergehegen. Danach geht es weiter zum Naturparkhaus und anschließend zum Teich. Hier führt sowohl der Weg links, als auch jener rechts um den Teich zum Spielplatz.
Um zur Ruine Johannstein zu gelangen, am Spielplatz vorbei gehen und bei der Kreuzung rechts abbiegen. Ab sofort führt der Weg immer bergauf zur Ruine. Unterwegs werden noch ein Balancier-Baum und Baumliegen passiert. Zurück geht es dann auf demselben Weg.

55 Tiere streicheln im Wildpark **Buchenberg**

€

Der Tierpark Buchenberg ist ein sehr liebevoll gestalteter Wildpark. So können der große Hasenstall betreten, Ziegen und Hängebauchschweine gestreichelt und Eulen aus nächster Nähe beobachtet werden. Darüber hinaus gibt es noch eine Menge anderer kinderfreundlicher Attraktionen: Ein Labyrinth etwa lädt zu längeren Versteckspielen ein, die Riesenrutsche ist selbst für sonst Wagemutige eine Herausforderung und die Go-Kart-Bahn mit Autos in unterschiedlichsten Größen gefällt nicht nur Kindern, sondern auch verspielten Eltern. Für einen Besuch dieses Tierparks also unbedingt genügend Zeit einplanen.

› **Anforderung:** Leichter Spaziergang. Vom Parkplatz zum Tierpark geht es jedoch zunächst eine Asphaltstraße bergauf.

› **Dauer:** Der Rundweg ist ca. 3 km lang, rund 90 Höhenmeter, 1,5 Std. Gehzeit. Aber auf alle Fälle viel mehr Zeit zum Bestaunen und Streicheln der Tiere einplanen.

› **Bestes Wetter:** Jedes Ausflugswetter. Im Winter hat der Tierpark geschlossen.

› **Anfahrt PKW:** Auf der A1 bis zur Abfahrt Amstetten West. Weiter auf der B121 nach Waidhofen an der Ybbs. Dann Richtung Weyer und schließlich den Naturpark-Wegweisern zum Parkplatz folgen. (Navi: 3340 Waidhofen/Ybbs, Rösselgraben 15)

› **Parkplatz:** Es gibt Parkplätze neben der Bundesstraße. Von hier aus über die Brücke, anschließend die Straße überqueren und den Rösselgraben bergauf zum Eingang gehen.

› **Anfahrt öffentlich:** Mit dem Zug nach Amstetten. Umsteigen und weiter nach Waidhofen an der Ybbs. Nochmals umsteigen in den Regionalzug und bis Waidhofen Haltestelle Schillerpark fahren.

› **Eignung für Kleinkinder:** Sehr gut geeignet.

› **Kinderwagen:** Möglich mit einem geländegängigen Kinderwagen. Es ist aber besser, eine Trage zu verwenden, da beim Hirschgehege steile Stufen zu überwinden sind. Es wurden zwar Bretter zum Hinaufschieben des Kinderwagens angebracht, jedoch ist dieses Stück wegen der Steilheit und Länge nur für geübte Kinderwagenschieber zu empfehlen.

› **Kinderfahrrad:** Nein.

ATTRAKTIONEN FÜR KINDER:

- Tiere und Streichelzoo (Hasen, Ziegen)
- Spielplatz • Go-Karts • Kletterwand
- Labyrinth aus Holz

INFOS/ÜBERNACHTUNG:

• Allgemeine Informationen, Öffnungszeiten und Eintrittspreise: *www.tierpark.at*. • Der Tierpark ist von November bis März geschlossen. • Essen und Getränke können im Naturparkhaus beim Eingang des Tierparks erworben werden. • Gleich neben dem Tierpark befindet sich der Kletterwald Buchenberg: ein Hochseilgarten durch den Wald (allerdings nur für größere Kinder ab 110 cm Körpergröße (mit Begleitperson). • Auch die Stadt Waidhofen an der Ybbs selbst ist einen Besuch wert: *www.waidhofen.at*. • Für alle, die im Anschluss noch ein Stück wandern wollen: Es gibt am Buchenberg drei „tut-gut"-Wanderwege. Die Touren führen direkt unterhalb des Eingangs zum Tierpark vorbei und sind gut beschildert.

WEGBESCHREIBUNG:

Vom Parkplatz aus den Schwarzbach und die Bundesstraße überqueren. Den Rösselgraben (Asphaltstr.) hinauf. Oben angekommen rechts in den Schotterwege und dann wieder rechts zum Naturparkhaus. Hier kann der Wildpark betreten werden. Vom Eingang aus immer den Rundgang-Wegweisern folgen. Beim Eingang hängt außerdem ein Übersichtsplan.

Mein Tourenbuch zum Anmalen

NAME:______________________________

Nach jeder Tour kannst du hier das entsprechende Symbol anmalen!

23
3
7
16
52
2
17
37
36
19
10
53
22
38
40
49
44
26
39
41
27
24
1
4
32
30
31

Mein Tourenbuch zum Anmalen

NAME: ____________________

Nach jeder Tour kannst du hier das entsprechende Symbol anmalen!

3
7
16
23
2
52
17
37
36
19
10
53
22
38
40
49
44
26
39
41
24
27
1
4
32
30
31

Mein Tourenbuch zum Anmalen

NAME: ____________________

Nach jeder Tour kannst du hier das entsprechende Symbol anmalen!

3
7
16
23
2
52
17
37
36
19
10
53
22
40
38
49
44
26
39
41
27
24
1
4
32
30
31

Aus unserem Verlag

Die Autorin

Christine Lugmayr liebt es, mit ihrer Familie die Natur rund um Wien zu erforschen. Tage im Wald oder Wochenenden auf Hütten sind für sie jedes Mal aufs Neue eine Kombination aus Entspannung und Abenteuer. Aufgewachsen im oberösterreichischen Salzkammergut verbrachte sie immer schon gerne sehr viel Zeit im Freien. Aus Faszination an der Natur studierte sie Biochemie. In dieser Zeit absolvierte die Autorin Auslandssemester in Kanada und Spanien. Zahlreiche freiwillige soziale Projekte führten sie unter anderem in die Wildnis Alaskas (als Helferin beim Mitternachtssonne-Rollstuhl-Marathon) und Grönland (um mit arbeitslosen Jugendlichen ein „Stadion" für die grönländische Fußballmeisterschaft zu bauen). Nach dem Studium sammelte sie zunächst auf einer Huskyfarm in Lappland, anschließend als Kellnerin auf einer Hütte im Nationalpark Berchtesgaden Erfahrung. 2002 kam sie zurück nach Wien, um als Innenpolitik-Journalistin bei der „Presse" zu arbeiten. Nach vier Jahren erfolgte der Wechsel zu News, wo sie bis heute tätig ist. Sie hat zwei Kinder.

200m
4h